엄마의
유산

선명한 위대함의 시작

몇백 년 동안 우주를 날아 온 별빛이 마침내 우리 눈에 닿는 것처럼, 김주원 박사의 『엄마의 유산』은 예정된 필연처럼 엄마들의 마음에 들어왔습니다. 자녀에게 남기고 싶은 정신을 편지에 담는 일은 '사명'이자 '숙명'으로 엄마들의 마음에 새겨졌습니다.

편지를 쓰기 위해 하얀 화면 앞에서 보낸 시간은 '어떤 정신을 가지고 살아가고 있는가'라는 본질적인 질문을 소환했습니다. 엄마로서의 삶 이전에 '나라는 존재'로서의 삶을 제대로 세우는 것이 자녀와의 연결점이자 『엄마의 유산』의 출발점이었습니다.

편지를 쓰는 동안 엄마들은 행위로 정신을 보여줘야 했습니다.
세상을 바라보는 관점에 따라 삶이 어떻게 달라지는지,
목표를 위한 참음이 어떻게 자아를 실현하는지.

아이들은 엄마가 한 가지 일에 깊이 몰입하고, 정신에 단단한 갑옷을 두르는 과정을 지켜보았을 겁니다.

아이에게 가장 좋은 교육은 보여주는 것이고, 가장 좋은 환경은 지혜로운 어른이 곁에 있는 것입니다. 여섯 명의 작가들은 지혜로운 어른이자 좋은 환경이 되기 위해 스스로 단련하고 연마했습니다. 낡은 인식에 매몰되지 않기 위해 새벽에 일어나 책을 읽고 글을 쓰는 과정을 하루도 빠짐없이 지속했습니다. 주어진 역할과 선택한 역할을 모두 해내기 위해 분투하면서, 일상의 중심을 잡아갔습니다. 읽고, 쓰고, 사유하며 성찰하는 초감각의 시간은 열 통의 편지와 다섯 편의 시에 농밀하게 스며들었습니다.

아프리카 흰개미는 40도가 넘는 더위로부터 자신을 지키기 위해 요새 같은 집을 만듭니다. 개미라는 작은 유기체가 공동의 목표를 위해 긴밀하게 협력한 초유기체가 되어 그들에게 꼭 필요한 환경을 만들어냅니다. 흙을 조금씩 쌓으면서 자기 몸보다 수천 배나 큰, 6~7m의 흙기둥 집을 건설합니다. 여러 개의 구멍을 만들어 공기를 순환시킴으로써 자동 온도 조절 기능까지 갖춘 집이 완성됩니다. 개미가 하기에는 불가능해 보이는 일을 성취하며 그들만의 '집단 지성'을 발현합니다.

엄마들은 매일 온라인 공간에 모여 인문학책을 읽고 깨달음을 나누며 글을 지었습니다. 소통과 협력을 통해 논리와 통찰의 기둥을 세워, 지식 한 조각으로는 만들 수 없는 삶의 원리와 질서를 축조했습니다. 서로의 지식과 아이디어를 공유하고 결합하여 창발을 끌어내는 '집단 지성'의 힘을 보여준 것이지요.

삶의 무더위로부터 정신을 지키기 위해,
흔들리는 감정으로부터 영혼을 세우기 위해,

문제를 관통하는 날카로운 통찰을 벼르기 위해,
활어처럼 팔딱대는 살아있는 지혜를 가지기 위해.

목표를 향해 긴밀하게 협력하는 초유기체가 되어 아이들에게 꼭 필요한 환경인 『엄마의 유산』을 써 내려갔습니다.

살아낸 정심 (正心)의 문장을 쌓아 올린 편지는
삶의 무더위에도 정신의 온도와 영혼의 습도가 조절 가능한
'정신의 집'이 되었습니다.

그 과정을 함께 한 저는 『엄마의 유산 : 우주의 핵은 네 안에 있어』의 공저자이자 다음 편 『엄마의 유산』에 참여할 초유기체 중 한 명입니다. '정신의 집'을 써 내려간 초유기체 작가들을 소개하는 영광된 성화를 넘겨 받았습니다. 작가들이 오랜 기간 분투하

며 내면에서 위대함을 끌어낸 시간이 제 소개에 온전히 담아지기를 바랍니다.

언어로 표현되는 아름다움의 한계를 넘고, 깨달음으로 오는 감동의 경계를 허무는 언어의 쉐프 **김경숙 작가.**
그녀는 시인이 되고 난 후, 교육 현장에서 만난 아이들을 떠올리며 지혜와 대물림의 편지를 써 내려갔습니다. 지식 중심의 사회가 빠진 패러독스를 지적하며, 삶으로 이어지는 지혜의 중요성을 강조했습니다. 수동적인 대물림을 새로운 가능성의 힘으로 가져가길 그녀만의 탄탄한 논리로 제안했습니다.

맑고 순수한 영혼으로, 말보다 글로, 깊은 내면을 드러내는 발랄한 천재 **박민아 작가.**
그녀는 자신의 매력인 솔직함과 당당함을 한껏 발휘하여 한국의 부모, 자식 간에 금기시되던 '성' 이야기를 흥미로우면서도 깊이 있게 풀어냈습니다. 아들의 몸집보다 훌쩍 커진 에고를 발견하고는 숨겨진 '에고'를 함께 찾아가며 에고 너머의 커다란 존재를, 무한한 의식을 잊지 말라는 황금 같은 당부를 보냈습니다.

날카로운 통찰이 빛나는 문장을 빚어내어, 쓰는 글마다 강한 힘을 지닌 타고난 문장가 **강해정 작가.**
그녀에게 중심과 역할이라는 주제가 꿈결처럼 다가왔습니다. 중심을 일상의 기준이자 지탱할 힘으로 해석하며 중심을 잃으면 일어날 '틸트이펙트(Tilt Effect, 쏠림 효과)'를 그녀만의 통찰로 풀어냈습니다. 자발적인 역할의 중요성을 강조하며 자율적으로 자신의 역할을 세상과 연결하고, 삶을 창조하는 방법을 제시했습니다.

논리적이고 체계적인 사고가 탁월하면서도 유머와 재치를 겸비한 매력 부자 **정희선 작가.**
그녀는 재치 있는 논리로 관점과 바둑을 접목한 후, 시간과 의식의 관계에 따라 관점 바둑의 사분면에 삶의 관점 4가지를 제시했습니다. 참음이라면 자신 있다는 그녀는 참음과 욕구의 긴밀한 관계를 발견합니다. 참음, 욕구, 보상의 관계를 구조화하여 만든 참음 5단계와 보상 5단계는 신선하면서도 깊은 공감을 불러일으킵니다.

밝고 유쾌한 에너지를 분사하며 센스와 초감각을 발휘하는 사랑스러운 **방혜린 작가.**
무관심은 관심 있는 것에 집중하게 만드는 힘이라며, '의식적 무관심'이 의미 있는 행동이 되는 과정을 적어 내려갔습니다. 은둔청년의 증가와 생명이 경시되는 현실 앞에서 어른이자 엄마로서 마땅히 내어야 할 목소리를 생각했습니다. 그녀는 직접 고안한 '살아 있음의 10가지 기준'을 제시하며 생명이 지닌 소중한 의미를 깊이 있는 혜안으로 정리했습니다.

유쾌한 해학 뒤에 독서로 다져진 철학적 사유와 인문학적 성찰을 간직한 반전의 주인공, **김천기 작가.**
그는 깨어있는 의식과 20여 개국의 해외 생활로 얻은 다양한 경험을 숙성해 함축적이고 상징적인 언어로 표현했습니다. 살아가야 할 세상의 묵직함과 자연에서 얻은 지혜를 삶의 자세와 태도에 대입한 그의 시는 우리를 한참 머무르게 합니다.

정신을 바로 잡고, 행동을 일으키는 글을 지어 삶의 원리를 창조하는 정신의 개척자 **김주원 박사.**
아들에게 정신을 남긴 30통의 편지를 모아 『엄마의 유산』을 처음 출간한 집단 지성의 중심입니다. '정신의 계승'에 삶을 헌정한 그녀는, 뛰어난 통찰과 탁월한 논리로 그녀만의 독창적인 관점과 사상을 만들어내며 그녀의 필명을 딴 '지담 장르'라는 새로운 장르를 만들어냅니다. 『엄마의 유산』을 대하는 그녀의 진심과 열정은 불가능을 가능하게 하는 초유기체를 뛰어넘습니다.
유한한 것으로 나를 판단하지 않고,
무한한 것으로 나를 키우는 힘이,
비물질이 물질을 이기는 진리가,
단단한 정신이 육체를 이끄는 평온함이
『엄마의 유산』에 오롯이 담기도록 이끄는 총감독입니다.

『엄마의 유산』은 아이들이 만들어갈 위대한 세상에 중심을 잡아
줄 책임의 이름입니다.
엄마들은 책임의 무게에 휘청이기도 하고,
책임의 과정이 소중해 눈물짓기도 하며,
책임을 살아낸 순간에 감동하기도 했습니다.

9개월의 집필 기간 동안 엄마의 변화가 아이의 변화로 이어지고,
엄마의 믿음이 아이의 믿음으로 연결되었습니다.
완벽한 믿음에서 비롯된 무관심이 행위의 힘을 이끌어내고,
존재를 향한 강인한 생명력이 생의 에너지로 새겨졌습니다.
이 책에는 그렇게 삶으로 살아낸 가치가 온전히 담겨 있습니다.

남길 정신이 없는 엄마의 목소리는 잔소리로 맴돌지만,
계승할 정신을 담은 엄마의 편지는 울림으로 공명합니다.

옳은 정신을 가지지 못한 사람의 지식은 에고를 키우지만,
옳은 정신을 가진 사람의 지식은 지혜를 키웁니다.

아는 지혜는 삶을 살게 하지만
실천하는 지혜는 꿈을 살게 합니다.

이 책은 옳은 정신을 태어나게 할 '정신의 집'이자
내 안의 위대함을 끄집어낼 '정신의 집게'입니다.

100년이 지나도 퇴색되지 않을 선명한 위대함!
그 위대한 정신을 담은 이야기가 지금 시작됩니다.

– 에세이스트 리인 안정화 –

차례

서문 | 선명한 위대함의 시작

김천기의 자녀를 위한 헌시

봄 길을 걸을 때는

봄 길을 걸을 때는
발밑을 잘 살펴야 합니다

차가운 흙 속에서
오랜 겨울을 이기고 나온
연둣빛 새싹 하나,
그 작은 어깨를 밟지 않으려면요

새 시대를 연다는 것도
봄을 걷는 일과 비슷합니다

긴 세월을 견뎌온 이들의
주름진 손 위에 핀 희망을
부러뜨리지 않으려면,
우린 조금 더 조심스러워야 합니다

희망은 늘 발끝에서 돋아납니다

우리의 생기가 꺾이면
나의 바람도 설 자리가 없습니다
우리의 꿈결이 상처받으면
나의 생활도 함께 힘을 잃습니다

볼 때는 밝히 보세요
들을 때는 총명하게 들으세요
표정을 따뜻하게 하고
용모는 공손하게 하세요
언어는 공손하게
일은 충직하게 하세요
의문이 나는 것은 촘촘히 묻고
화가 날지라도 충동을 경계하고
이득을 대하면 의로운지 생각하세요

우리의 희망이
다시 피어날 수 있도록
서로의 봄 길을 비켜서 줍시다

겨울을 이기고 솟는 저 생명처럼
우리의 내일도
조용히 돋아날 것입니다

패러독스(PARADOX)

아이야,

난 누구의 엄마도 아니란다. 학교에서 학생들을 가르쳐 온 교사이자 기성세대로서, 조금 먼저 살아본 어른일 뿐이지. 열 달을 품고 너를 낳지는 않았지만, 엄마의 마음으로 언제나 너희를 품고 있었단다. 그래서 이 편지를 쓰며 너를 '아이야'라 부르고 싶구나.

이 말은 그냥 인사치레가 아니야. 너희 얼굴을 하루에도 몇 번씩 보면서 정말 그렇게 느꼈거든. 시험지 앞에서는 굳어 있고, 쉬는 시간엔 친구들과 웃다가, 어쩔 땐 눈빛 하나로도 많은 걸 이야기하곤 하지. 그 해맑은 표정과 일렁이는 눈빛을 보며, 나는 알게 되었단다.

교육은
단순히 지식을 채워 넣는 행위가 아니라,
네 안의 생각을 깨우는 과정이라는 걸.

'교육'이란 단어 앞에서 엄마는 늘 멈칫하곤 했어. 교육이 정말 너의 삶을 키우고 있었는지, 아니면 삶을 잘라내고 줄이고 있었는지. 그 질문은 엄마 안에서 오랫동안 떠나지 않았단다. 너희와 함께 한 교실에서, 우리는 스스로 문제를 만들고 해석했을까? 아니면, 누군가 설계해 둔 궤도를 성실히 따라가도록 길들었을까? 엄마는 지식을 전달하는 데 익숙했지만, 너희가 스스로 질문을 던지고, 질문을 따라 자신만의 답을 찾도록 돕는 데는 부족했어. 그 아쉬움이 오래 남는구나.

지식은 늘 결과를 약속했단다.
'이걸 알면 합격할 거야, 저걸 익히면 더 멀리 갈 수 있어.' 그 말은 언제나 달콤했단다. 하지만 이상하지 않니? 그 약속에 가까워질수록 사람들은 여유 대신 불안에 휩싸였어. 이유는 단순해. 그 '결과'는 끝이 아니라, 언제나 **다음 경쟁의 시작**이었으니까. 결승점에 도착했는데도 늘 출발선에 서 있는 기분 말이야.

물론 경쟁은 어느 나라에나 있어. 하지만 우리가 머무르는 사회를 한 번 바라보면 어떨까? 원래 경쟁은 서로를 밀어주며 성장케 하는 내면의 자극이어야 하는데, 우리는 그것을 성취의 크기, 속도의 빠르기, 서열의 높이로만 재단해 버렸지. 한 번의 시험이 인생을 결정하고, 한 번의 실패가 낙인처럼 따라붙는 사회. 결과는 잠시의 쉼표가 아니라, 또 다른 시작을 강요하는 마침표가 되어버렸어. 그래서 아이들은 달리기를 멈추지 못하고, 어른들은 그 달리기를 멈추게 하지 못해. 그게 바로, 우리 교육이 만든 가장 잔인한 풍경이지.

공부는 '자유의 길'이라 믿었는데,
어느새 '자유를 미루는 일'이 되어버렸어.

'이 시기만 참자.'
'대학 가면 자유로워질 거야.'
'성공하면 하고 싶은 걸 하자.'

우리는 늘 '지금'을 포기하고, '나중'을 준비하느라 살았지. 하지만 그 '나중'은 좀처럼 오지 않아. 더 배우고, 더 쌓아도 결국 같은 자리야. 지식의 바퀴살은 계속 도는데, 그 위의 너희는 멈춰 있는 듯해. 속도만 있고 방향은 사라진 채, 많은 이들이 늘 '준비 중인 인간'으로 살아가고 있어. 교육은 자유의 장(場)이 되어야 하는데, 비교와 평가의 수레바퀴 안에서 돌고 또 돌다 결국 제자리에서 헛돌고 있는 것 같아.

그래서 엄마는 지금, 이 사회를
'**지식의 휠(The Wheel of Knowledge)**'이라 부르고 싶단다.

'지식의 휠'은 끝없이 회전하지만 제 자리에 묶인 바퀴야. 속도는
있지만 방향이 없고, 움직임은 있지만 변화가 없지. 사람들은 앞
으로 나아간다고 믿지만, 사실은 그 안에서 제자리만 맴돌고 있
어. 그 바퀴 안에서는 배움이 성장으로 바뀌지 못하고, 사고(思考)
가 단지 반복으로 소비될 뿐이야.

대한민국은 지식에 참 진심인 나라야. 책상 위엔 교재가 쌓이고,
시험은 인생의 예행연습처럼 반복돼. 외우고 쓰고, 외우고 푸는
동안 지식은 높이 쌓여가는데, 마음은 점점 바닥으로 내려앉지.
알면 알수록 자유로워야 하는데, 오히려 우리는 더 제대로 서지
못하는구나.

"6등급을 받잖아요, 성적표에 6이 있으면 뭔가 답 없는 느낌이
있어요. 그 절망감. 그게 군대 입영통지서 받았을 때랑 느낌이
비슷한 것 같다고 해요 (**진, 고2)[1]."

"이편 엄마나 어느 부모 마음이나 다 마찬가지겠지만 대학만
아니라면, 사회적인 잣대만 아니라면, 애들을 마음대로 키웠으

---

1 EBS다큐프라임, 공부상처, https://youtu.be/zwh6o36YG7M?si=KzyovItqdkzSDamD

면 좋겠죠. 어떤 엄마가 학원을 밤늦게까지 보내고 싶겠어요. 애가 밤 11시가 다 돼서 배고프다고 뛰어와서 밥을 먹고, 학원에서 배가 고프면 거기서 파는 떡볶이나 컵라면이나 그런 걸 먹을 때가 있어요. 그런데 어떤 엄마도 그걸 좋아하는 엄마는 없죠. 우리나라가 사실 대학을 완전히 배제할 수 없는 나라니까요. 그런데 그게 어쩔 수가 없는 거잖아요 (**라, 학부모)[2]."

한 방송사의 다큐에서 보게 된 인터뷰 내용이야. 아이의 불안이나 부모의 고통도 결국 같은 시스템 안에서 만들어진 현상이지. 이건 단지 개인의 문제가 아니라, '지식의 경로의존성[3]'에 점령당한 사회구조 때문이야. 한 번 만들어진 길은 다음 선택을 가두고, 그 길에서 벗어날 용기를 '위험'하다고 여겨. 좋은 대학, 안정된 직장, 남들과 비슷한 성공. 그 길은 분명 안전한 듯 보이지만, 그 안에서는 다른 방향을 보기 어렵단다.

지식은 원래 '인간의 자유'를 위한 도구였어. 그러나 이 사회의 지식은 '위계의 척도'가 되었고, 경쟁과 두려움을 재생산하는 시스템이 되어버렸지. **우리 교육은 '더 많이 아는 사람'을 만들었지만, '더 깊이 생각하는 사람'을 길러내지 못했어.** 머리로는 생각했지

---

2 EBS다큐프라임, 공부상처. https://youtu.be/zwh6o35YG7M?si=KzycvltqdkzSDamD
3 '경로의존성(path dependence)'은 사회구조가 과거의 궤도에 갇혀 새 방향을 선택하지 못하는 현상을 말한다. 여기서 '지식의 경로의존성'은 필자가 만든 개념으로, 지식이 본래 사유의 자유를 열어야 함에도 오히려 사고를 일정한 틀 안에 묶어버리는 한국 교육의 관성적 현실을 가리킨다.
  중앙일보, 오피니언. https://www.joongang.co.kr/article/2560122

만, 마음으로는 공감하지 못했고, 말을 잘하게 되었지만, 자기 안의 목소리를 듣는 법은 배우지 못했어. 배움이 쌓였지만, 그 지식이 삶을 단단히 지탱해 주진 않았던 것 같아. 아마 너는 지금 우리나라에서 가장 공부를 많이 하는 세대를 살아가고 있을 거야. 하지만 그 열정이 향한 곳은 '자유'가 아니라 오히려 '더 큰 구속을 담보한 성취'였어.

남보다 빨리 배우는 법은 익혔지만,
자신을 깊이 깨닫는 법은 잘 모르지.
아는 건 많아졌지만, 생각은 깊어지지 않았고,
배운 건 늘어났지만, 마음은 넓어지지 못했어.

어쩌면 그게 우리 교육이 안고 있는 오래된 모순일지도 몰라. 그리고 그 모순은 지금도 정교한 형태로 유지되고 있어. 그 안에서는 모든 게 질서정연해 보이거든. 점수가 있고, 경쟁이 있고, 서열이 있으니, 누구도 틀리지 않으려 애쓰다, 결국 모두 똑같아져 버렸지. 학교와 학원은 부모의 기대를 품고, 그 기대는 다시 교사의 가르침을 조여버려. 그렇게 지식의 바퀴가 쉴 새 없이 돌고, 우리는 같은 자리를 맴돌고 있어. 모두가 정답을 향해 달리지만, 정작 어디로 가는지도 모른 채, 멈추는 게 더 무서울 뿐이야.

"성적이 떨어질 때의 느낌은 차라리 공포영화 100편을 보는 게

낮겠죠. 성적이 떨어지는 무서움은 대한민국 고3이 최고인 것 같아요. (**현, 고3)[4]."

"우리 애가 낙오자가 되는 느낌 아세요? 똑같은 학원에 같이 다니고 같이 공부했는데 계속 뒤처지는 건 '내가 뭔가 못났나?' 애들 비교가 아니라 '내가 문제가 있나 보다'하는 생각이 들어요. (**영, 학부모)[5]."

'공부 잘해야 성공한다.'
'좋은 대학을 나와야 안정된 삶을 살 수 있다.'
이 흔하게 관성화된 말들이 '미래의 두려움'으로 재생산되는 것 같아서 엄마는 참 불편해.

공부의 이유가 '나'에게 있지 않고, 언제나 타인의 기준에 맞춰져 있지. 그 기준이 옳은지, 행복한지도 모른 채, 그냥 다들 그 휠 안을 계속 돌아. **'지식의 휠(The Wheel of Knowledge)'** 말이야.

사람들은 그 안에서 배우고 있다고 믿지만, 착각일지도 몰라. 지식이 쌓이면 사고도 자랄 거라 믿지만, 실은 그 지식이 사고를 굳게 만들기도 해. 새로움을 탐색하기보다, 이미 아는 틀 안에서만

4, 5 EBS다큐프라임, 공부상처. https://youtu.be/zwh6o35YG7M?si=KzycvItqdkzSDamD

이해하려 들고, 낯선 질문이 들어올 틈조차 잃어버려.

그게 바로 '지식의 착각(The illusion of Knowledge)'이야.

'지식의 휠'이 오래 돌면, 사람들은 점점 습관에 기대게 돼. 익숙한 방식으로 공부하고, 남이 정해준 길을 따르다 보면 어느새 모두 같거나 비슷한 방향으로 움직이지. 이게 바로 '관성'의 무서움이야. 사람들은 앞으로 가고 있다고 믿지만, 스스로 제자리만 도는 헛바퀴 안에 가두고 있을 뿐이야. 그래서 필요한 건 속도나 양의 경쟁이 아니라 '사고의 진폭'이란다. '진폭'은 '흔들림의 범위'야. 흔들린다는 건 불안하지만 그 흔들림에서만 새로운 사고가 태어나고 그래야 궤도에서 이탈할 수 있지. 그렇게 익숙한 방향을 벗어나야 다른 각도가 생기고, 다른 각도가 생겨야 새로운 시선이 열리지 않겠니?

그러니 불안해도 괜찮아.
흔들린다는 건,
네 사고가 아직도 진동하고 있다는 뜻이야.

아이야, 사실 엄마는 이 말을 하면서도 마음이 무척 무거워. 너에게 '용기'를 내보라고 말하지만, 정작 어른인 우리는 그 흔들림을 받아줄 사회를 아직 만들지 못했거든. '경로의존'이 지배적인 사회구조 속에서, 우리도 늘 같은 방향으로만 걸어왔거든. 그래서 엄마는 너에게만 용기를 내라고 격려하는 말조차 미안해지는구나. 하지만 그 미안함 속에서도 엄마는 여전히 너에게 **'사유의 진동'**에 흔들리라고, **'사고의 파동'**을 일으키라고 당부하고 싶어. 흔들림 속에서도 자기 사고의 진동을 조율하며 새로운 질서를 만들어가는 사람이 되어달라고 말이야.

그 진동이 멈추지 않는 한,
너는 더 이상 타인의 기준을 따라 도는 존재가 아니야.
정답을 향한 직선이 아니라,
스스로 방향을 만들어 **'파동의 진폭'**을 넓혀나가지.
그게 바로 자유의 시작이야.

우린 너무 오랫동안 '모르는 걸 알게 되는 것'을 공부라고 믿어왔단다. 모르는 것을 아는 기쁨, 성적이 오를 때의 안심, 이해가 되는 순간에 몰려오는 탄성은 분명 성취감을 느끼게 하지. 물론 그런 지식은 늘어날수록 정답이 분명해서 편하고 안전해.

지식은 '정확함'과 '정답'을 말하지만,
지혜는 '정직함'과 '정의'를 품고 있단다.
정확한 지식은 틀림없음을 증명하려 하고,
정직한 지혜는 틀림 속에서도 다시 배우려 하지.

세상은 옳은 말만 하는 사람보다 틀림을 인정하고, 더 나은 옳음을 찾아가는 사람 덕에 유지돼. 그래서 진짜 정의는 완벽한 정답이 아니라, 자신이 틀릴 수도 있음을 아는 정직함에서 시작된단다.

'사유하는 나의 경험, 즉 사유활동은 분명히
세계의 실재나 나 자신에 대한 회의를 발생시킨다[6].'

지식은 정답을 찾는 힘이지만,
지혜는 방향을 세우는 힘이야.
지식은 너를 안전하게 만들지만,
지혜는 너를 불안정 속에서 깨어있게 하지.
지식의 시대는 이미 저물고 있으니,
지식만으로 위험한 시대야.

우리는 점점 더 많은 걸 알면서도, 그걸 의심할 시간을 잊어버리고 있어. 그래서 지식이 쌓일수록 세상은 똑똑해지지만, 인간은 점점 더 맹목적이고 어리석게 변하고 있지.

사유가 사라진 지식은 방향 잃은 삶을 초래할 수밖에 없단다. 지식이 넘칠수록, 지혜의 부재는 더욱 또렷하게 드러난단다. 이제는 많이 아는 사람보다, 깊이 생각하는 사람이 필요한 시대야. 인공

---

6 정신의 삶, 한나아렌트, 푸른숲, 2019.

지능이 지식을 대신할 수는 있지만, 지혜는 여전히 인간만의 몫이거든.

그래서 엄마는 너희 세대가 **'지식에서 지혜의 세대를 견인하는 새로운 세대'**가 되길 바란단다. 휠의 궤도를 스스로 이탈하는 일은 분명 두렵고, 때로는 위험해 보일 수도 있어. 하지만 그 용기야말로 네가 진짜 '나(I)'로 자라나는 첫걸음이란다. 이제는 누군가의 기준을 따라 사는 게 아니라, 스스로의 질문으로 살아내야 해. 그게 바로 자유이고, 그게 진짜 교육이지.

요즘은 '생각'하는 것보다 **'반응'**하는 게 더 빠르지? 손가락 하나로 화면을 넘기면 세상이 바뀌고, 댓글 몇 줄이면 입장이 정리돼. 이런 경우가 한 번쯤 있었을 거야. 어른이 한 질문에 자동 응답기처럼 대답했던 순간 말이야.

왜 공부해요? --- 좋은 대학 가려고요!
왜 좋은 대학에 가야 해요? --- 그래야 안정이 되죠!
왜 안정이 돼야 하죠? --- 그게 성공이니까요!
왜 성공해야 하죠? --- 그래야 행복하니까요!
왜 행복해야 해요? --- ?

그렇게 반사적으로 대답하다 보면, 어느새 스스로 생각하기보다

'정답처럼 보이는 말'을 따라 하게 돼. 어른은 확인하려 질문하고, 너희는 불안에 휘둘리며 반응하지. 겉으론 당당하게 말하지만, 사실은 무의식적으로 관성화된 사고의 질서에 반응할 뿐이야. 세상은 반응의 속도로 굴러가. 빠르게 판단하고, 즉시 답해야 살아남을 것 같지. 그건 분명 피로한 일이고, 때로는 생각을 멈추게 만들어.

하지만 아이야,
반응에 민감하다는 것은 너희 세대가 가진 놀라운 감각이기도 해. 세상의 민감함에 누구보다 먼저 닿는다는 뜻이거든. 변화의 신호를 감지하고, 흐름을 읽고, 타인의 마음결에 공명할 줄 아는 능력! 그건 단순한 즉흥이 아니라, 시대가 너에게 부여한 새로운 감각이야.

바로 **'민감성(sensitivity)'**이지.

반응은 '무조건적인 리액션(reaction)'이 아니라 '감지의 능력'이란다. 세상의 빠른 감각 속에서 자신의 방향을 잃지 않고 세울 수 있다면, 그건 단순한 반사신경이 아니라 **'통찰'**이 될 수 있어. 그래서 엄마는 너희 세대의 그 민감함을 약점이 아니라, 새로운 가능성으로 확신한단다. 문제는, 그 통찰이 자라날 틈을 이 사회가 쉽게 허락하지 않는다는 거야. 지금의 교육은 여전히 '정답'과 '속도'를 중시하거든. 그래서 네 감각은 세상의 변화를 느끼려는 '감동'이 아니라, 남보다 앞서야 한다는 **'경쟁'**으로 메말라 버리지.

결국 공부는 자신을 깨닫는 여정이 아니라, 사회가 정한 문턱을 넘기 위한 통과의례가 되어버렸어. 성인이 되려면 치러야 하는 **'국가 공인 성장 테스트'** 같은 거지. 그 자격증들은 힘겹게라도 따내면서, 정작 **'인간 자격증'**, **'엄마·아빠의 자격증'**에 대해서는 왜 우리들은 묻지도 않고, 성찰하지도 않는 걸까.

아이의 '성적표'에는 온 세상이 달려드는데,
정작 어른의 '인격표'에는 점수를 매길 줄 몰라.
아이의 실패에서는 원인을 찾으면서,
어른의 모순에서 이유를 찾지 않아.
지식의 시험은 그렇게 열심히 준비하면서,
지혜의 연습은 왜 이렇게 미루는 걸까.

가르치는 일에는 익숙하지만, 배우는 어른으로 사는 일에는 서툰 우리. 어쩌면, 이 사회가 품고 있는 가장 큰 결핍인지도 모르겠구나.

지식의 속도는 무서워.
그건 속도의 문제가 아니라, 습관의 문제야.

여기서 말하는 '습관'은 단순히 개인의 행동 패턴이 아니야. 마치 휴대전화 기술 하나가 나오면, 다음 날엔 수십 개의 회사가 같은 기능을 덧붙여 내놓는 것처럼 말이지. 새로운 걸 만든다지만, 사실은 익숙한 틀 안에서 조금씩 달리 반복할 뿐이야. 사고의 습관도 그래. 남이 만들어 놓은 기준을 그대로 따르고, 거기서 벗어나면 불안해하지. 그렇게 모두가 '비슷한 새로움'만 만들어내는 사회, 그게 바로 사유가 멈춘 시대의 진짜 모습이야.

생각하기 전에 반응하고,
의심하기 전에 동의하고,
틀릴까 봐 질문을 삼켜버리는 사회.
바로 사유가 마비된 시대의 얼굴이지.
잘 돌아가는 바퀴 같지만,
한 번도 멈춰 서서 방향을 바꿔본 적 없는 습관 말이야.

아이야, 너무 비관적으로 들을 필요는 없어. 우리는 생각하기를 포기한 게 아니라, 너무 바빠서 관성적으로 생각이 밀려난 것뿐이야. 다들 버티고 견디느라, 질문을 잠시 잊은 거지.

한 번 더 '왜?'라고 묻는다면,
그 순간이 바로 네 생각이 깨어나는 **'자각'**의 시작이야.

다시 질문하려는 그 마음 자체가 이미
변화의 첫걸음이고, 작지만 분명한 혁명이란다.

요즘 누가 엄마한테 '교육이 뭐예요?'라고 물으면, 말이 막힌단다. 할 말이 없어서가 아니라, 너무 많은 말이 그 위에 겹겹이 붙어 있어서 그래. 성적, 자격증, 스펙, 포트폴리오. 사람들은 그걸 교육의 일부라고 말하지만, 그건 배움의 흔적일 뿐, 교육의 본질은 아니야. 공부는 열심히 했는데 정작 배움이 남지 않는 경우를 엄마는 너무 많이 봐왔어.

우린 너무 오래 '맞는 말'만 배워왔잖아. **'맞는 말'을 하다 보면, 어느 순간 '자기 말'을 잃어버려.** 머리는 커지는데, 마음은 점점 말라가고, 생각하는 뇌는 단련되지만, 느끼는 뇌는 점점 닫혀버려. 그래서 아는 건 늘어나는데, 이해는 줄어들고, 말은 정교해지는데, 가슴은 더 연약해지지.

진짜 교육은 세상이 정해준 답을 살게 하는 일이 아니라, 스스로 세상을 바라볼 눈을 길러주는 일이야. 남이 알려준 세상을 이해하는 일이 아니라, 세상을 스스로 해석하는 눈을 기르는 일이야. 네가 배운 것들이 네 삶의 언어로 의미를 가질 때, 세상을 보는 눈을 가질 때, 그때 비로소 배움은 **'삶을 위한 지식'**이 되고 그렇게 너는 자신의 인생을 직접 설계하는 사람이 되어 있을 거야.

네 인생의 리모컨을 남의 손에 쥐여주지 말아라.

이제는 채널을 네 손으로 돌릴 때야.

'독립적 주체성을 갖는 것이 분명 우리를 한 단계 더 높은 단계로 끌고 가거나 더 자유스럽게 한다면, 이제 각자의 혁명적 결단이 필요하다. 이는 자기가 자기 삶을 어떻게 꾸릴 것인가 하는 자기 결정의 문제다. 게다가 나는 우리나라의 집단적인 성향이 개인의 독립적 주체로의 성장을 방해할 정도로 그렇게 강하다고는 생각하지 않는다. 그런데 만약 혹시라도 집단적 성향이 너무 강해서 독립적 주체로 이 성장이 방해받는다면 어떻게 하겠는가? 자기 삶의 방식을 변화시켜서 새로운 도전을 해보겠는가? 아니면 현상을 탓하면서 살아왔던 방식에 순응하며 살겠는가? 우리는 이제 자기 삶을 통해서 새로운 시도를 해볼 수 있다. 또 반드시 해야 한다고 본다[7].'

요즘, 세상이 너무 빠르지?

눈 깜박하면 트렌드가 바뀌고, 정보가 뒤집히고, 세상은 '빨리 해! 빨리 알아봐! 빨리 결정해!'라며 등을 떠밀어. 하지만 정작 중요한 건 느릴 때 보이는 법이야. 느리면 놓칠까 봐 불안하지?

그런데 이상하게도, 진짜 중요한 건 늘 서두르는 쪽이 놓치더라.

---

7 탁월한 사유의 시선, 최진석, 21세기북스, 2024.

데이터는 저장하면 끝나지만, 의미를 찾으려면 다시 보고, 다시 묻고, 다시 배워야 해. 지식은 홍수처럼 넘치고, 의견은 비처럼 쏟아져. 모두가 수다쟁이처럼 말하지만 정작 아무도 듣지 않아. 세상은 소리로 가득한데, 마음은 자꾸 조용한 곳을 찾지. 물속에서는 헤엄치는 법보다 숨을 고르는 법이 더 중요하단다. 깊이의 감각이 없으면, 지식의 물살이 언제든 너를 떠내려 보낼 거야. 깊이의 감각은 빨리 판단하지 않는 용기에서 시작되지.

모든 답이 너무 빨리 제시되는 시대야.
생각과 질문을 조금 더 오래 붙잡아 볼래?
네 생각이 자랄 때, 지식은 비로소 지혜로 건너간단다.

지식은 "무엇인가요?"라고 너에게 묻지만,
지혜는 "왜 그런가요?"라고 너의 대답을 기다린단다.
지식은 정답을 빠르게 찾는 능력이지만,
지혜는 방향을 천천히 세우는 힘이야.
지식은 남이 만든 지도를 따라가지만,
지혜는 자기 손으로 지도를 새로 그려.

지혜는 느리게 자라는 식물 같단다.
빨리 자라면 줄기가 약하고, 천천히 자라면 뿌리가 깊어지지.
빨리 자라면 높이는 얻지만, 천천히 자라야 깊이를 얻는단다.

요즘 사람들은 지식으로 머리를 채우지만,
지혜는 머리가 아니라 시선에서 자라거든.

지혜로운 사람은 세상을 성급하게 따르지 않고 스스로 해석해.
너무 빨리 결론을 내리지 말고 천천히 네 속도대로 가도 괜찮아.

아이야, 우리 교육은 참 열심히 경쟁을 키워왔지. '내 성적, 내 성공'. 모두가 자기 성장을 외치지만, 그 과정에서 **함께 자라는 법**은 잊어버렸어. 경쟁은 사람을 빠르게 만들었지만, 인간답게 만들진 못했단다. 옆 사람이 넘어져도 멈추지 않고, 함께 가야 할 이유보다 먼저 가야 할 이유를 찾았어. 대신 지혜는 고립된 자리에서는 자라지 않아. 사람은 관계 속에서 부딪히며 사유하고 사유를 통해 관계를 새롭게 바라보는 존재거든. 하지만 경쟁은 그 연결을 끊어버렸지. 서로를 이해하기보다 이겨야 한다는 마음이 앞서니까.

관계가 닫히면 사유는 갇히고, 사유가 멈추면 관계는 얕아져. 지혜는 그 두 축이 만나는 자리에서 자라. 함께 생각하고 협력하며, 함께 자라려는 마음이 있을 때 비로소 살아나지. 그래야 경쟁도 고립의 싸움이 아니라, 성장의 힘이 될 수 있단다.

지식은 머릿속에 쌓이지만, 지혜는 사람 사이에서 작동해. 혼자 있을 땐 통찰이 번개처럼 번쩍일 수 있어. 하지만 잠깐 번쩍이는 번개가 아니라 지속적으로 타오르는 불이 되려면, 누군가와 나누고, 부딪히고, 되돌아보는 '관계의 공기'가 필요해. 지식이 나의 이해라면, 지혜는 우리의 해석이야. 지식은 혼자서도 얻을 수 있지만, 지혜는 함께 살아봐야 키워지는 배움이지.

결국 지식이 삶으로 이어질 때, 그 지식은 지혜로 변해. 관계 속에서 자라나는 지혜는 세상을 이기기보다, 세상과 함께 살아가는 길을 느끼게 해주지. 그리고, 그 감각이 네 삶의 선택을 이끄는 힘이 된단다.

> *'그러니 너의 '앎'과 '삶'은 제대로 연결되어*
> *너의 모든 잠재된 능력을 끄집어내야 한단다.*
> *이는 우선적으로 너 자신을 위함이고 나아가*
> *네가 이 세상에 머물며 영향을 미칠*
> *다양한 범주에서 네가 귀하게 남겨야 할*
> *선(善)을 향한 행적들이 필요하기 때문이지[8].'*

결국 아는 능력보다 사는 능력이 더 중요해.
지혜는 아는 데서 멈추지 않고, 살아가는 삶으로 이어져.
그 힘이 '선(善)'을 향하게 하고,
그 길이 너를 자유롭게 이끈단다.

---

8 엄마의 유산, 김주원, 건율원, 2024.

아이야, 하나만 물어보자. 넌 자유롭니?

분명히 '자유롭다'라고 속 시원히 말하긴 어려울 거야. 사실, 나도 그래. 우리가 '자유'를 말할 때, 종종 착각하지. '하고 싶은 대로 하는 것'이 자유라고, '선택지가 많을수록 좋은 것'이라고 믿잖아? 하지만 진짜 자유는 선택의 폭이나 다양성이 아니라 **'사유의 심지(深底)'**에서 깨어나. 하고 싶은 걸 다 하는 게 아니라, 왜 그걸 하고 싶은지 스스로 물을 때, 자유는 비로소 네 안에서 깨어나지. 자유는 누가 주거나 빼앗을 수 있는 게 아니야. 그건 마음속에 심어둔 생각의 근육 같은 거라서, 쓸수록 단단해지고 게으르면 금방 녹슬어.

칸트가 이런 말을 했대. '내용 없는 사상은 공허하고, 개념 없는 직관은 맹목적이다[9].' 조금 어려운 말이지? 쉽게 말하면 생각만 있고 경험이 없으면 공중에 뜬 말이 되고, 경험만 있고 생각이 없으면 그건 그냥 지나가는 감정에 지나지 않아. 느낀 걸 생각으로 다듬고, 생각한 걸 네 삶으로 확인할 때, 비로소 네 마음이 진짜로 성장하지.

결국 스스로 생각한다는 건,

자유롭게 산다는 것과 같은 말이야.

---

9 순수이성 비판 서문, 임마누엘칸트, 책세상, 2019.

듣기에는 멋있지만, 솔직히 좀 무섭지 않니? 왜냐하면 아무도 너 대신 생각해 주지 않으니까 말이야. 자유는 '아무도 간섭 안 하는 상태'가 아니라 '아무도 대신해 주지 않는 상태'거든. 책임이 따라 붙는 자유, 그게 진짜 자유야. 가끔은 누군가 대신 정해주는 게 훨씬 편하지? 근데 편하다고 다 좋은 건 아니야. 맛있는 것도 많이 먹으면 탈이 나잖아.

아이야,
진짜 교육은,
생각하는 인간, 즉 자유로운 인간을 길러내는 사명이어야 해.
지식을 채워 넣는 일이 아니라,
인간의 생각을 깨우는 업(業)이어야 하지.

진정한 배움은,
그러니까 네가 몸을 담고 있는 교육이라는 공간은 순응하는 인간을 만드는 공장이 아니어야 하잖아. 정답을 외우는 사람도, 기준을 맞추는 사람을 양산해서도 안 되지. 교육은 인간을 진정, 자아의 자유를 찾고 누릴 수 있게 이끌어야 해. 자유는 가르친다고 배울 수 있는 기술이 아니라 스스로 생각하는 순간 깨어나는 내면의 힘이니까. 질문 하나를 오래 붙잡고 고민하는 그 시간, 자유는 그때 비로소 자라기 시작하거든. 그러니까 머리만 키우지 말고, 생각도 키워야 해.

아이야,

우리 세대는 지식이 전부인 줄 알고 살았단다. 그런데 알고 보니, 세상은 '성적표'보다 **'마음의 온도'**에 더 약하더라. 엄마는 너를 더 알고 싶었지만, 어쩌면 네 존재보다 성적표에 더 관심을 두었는지도 몰라. 엄마가 똑똑했지만, 현명하진 못했어. 머리는 꽉 찼는데, 마음은 자꾸 좁아졌거든. 늘 너에게 정답을 주려 했지. '이게 맞아', '이게 안전해', '이게 성공이야.'라고 느긋하게 생각할 시간을 기다려 주지 못한 것 같아. 정말 미안해.

이제 세상은 지식이 아니라 지혜를 더 필요로 해.
지식이 세상을 움직였다면, 지혜가 세상을 돌볼 차례야.
지식이 미래를 설계했다면, 지혜가 미래에 생기를 불어넣지.
인공지능은 논리를 모방할 수 있지만, 공감을 배울 수는 없어.
정보는 계산하지만, 의미는 해석하지 못하거든.

'지혜로운 사람은
많이 알면서도 모르고
(know all-know little)
심도 깊은 이해를 하면서도 불필요함은 없애고
(dive deep-fly high),
순간과 전체(now-not now),
복잡함과 단순함(complexity-simplify),

그리고 자신에게 집중하면서도 타인을 고려 하는

(only me-no me) 등

상반된 모순(paradox)을 모두 포용하는 사람[10].'

지혜로운 사람은 아는 것과 느끼는 것을 분리하지 않고, 그 둘을 삶 속에서 해석하며 조율할 줄 아는 사람이란다. 지혜는 여전히 인간이 세상을 이해하고 연결하는 방식이야.

이제 학교는
지식을 전수하는 기관에서 벗어나
사유와 공존을 훈련하는 공간이 되어야 해.
이제 우리의 교실은
정답을 가르치는 곳에서,
함께 묻고 함께 실수하는 자리로 바뀌어야 해.
그리고 다른 시선으로 세상을 배우는 공간이 되어야 한단다.

그야말로 시험 준비보다, 삶 준비를 해야지.
아는 것을 사는 것으로 이어가야 해!

더 많이 아는 사람보다, 더 깊이 이해하는 사람이 필요해. 정답을

10 Mick,D. G., T. S. Bateman. and R. J. Lutz(2009). Wisdom. Exploring the pinnacle of human virtues as a central link from micromarketing to macromarketing. Journal of Macromarketing. 29(2):98–118.

맞히는 사람보다 끝까지 묻고 함께 생각할 줄 아는 사람이 세상을 앞으로 움직이게 하지. 이제는 네 차례야. '지식의 휠'에서 한 바퀴만 더 돌다 보면, 아마 어지러워서라도 내려오고 싶을걸?

그러니까, 이제 내려와도 괜찮아!
그건 반항이 아니라 진화야!

'시대의 병은 뜻있는 개인으로서의 내가 발견하지만, 대부분의 사람에게도 해당한다는 점에서 공적이다. 게다가 새롭고 위대한 것들은 다 시대의 병을 고치려고 덤빈 사람들의 손에서 나왔다. 이렇게 해서 세상은 진화한다. 이것은 또 나의 진화이기도 하다. 내가 시장 좌판에 진열된 생선이 아니라 요동치는 물길을 헤치는 물고기로 살아 있다는 사실이 이렇게 표현된다. 나는 눈뜨고 이렇게 펄떡거릴 뿐이다. 시대의 병을 함께 아파하며 고치려고 덤빈 사람들이 많은 나라는 강했고, 그렇지 못한 나라는 약했다. 약하면서 강한 척하거나, 약한 부분을 애써 외면하다가는 한 번이라도 제대로 살다 가기 힘들다[11].'

아이야,
만들어진 판 위에서 이제 너는 방향을 바꿔야 할 때야.
지식은 넘치고 이미 세상에 범람했어.

---

11 탁월한 사유의 시선, 최진석, 21세기북스, 2024.

너는 지금, 거대한 전환의 문 앞에 서 있단다. 지식을 대신하는 AI와 기술이 넘쳐나는 시대, 세상을 다시 사람의 언어로 번역할 사람은 바로 너야.

공감할 줄 알고,
의심할 줄 알고,
새로운 판을 짜서 다시 시작할 수 있는 인간.
너부터 지혜로운 인간이 되어라.

지식을 따라가되, 네 생각의 속도대로 걸어라. 너의 새로운 속도를 잃지 않는다면, 이 나라는 더 이상 시험의 나라가 아니라 **사유의 나라, 공존의 나라**가 될 거야.

세상은 정답으로 굴러가지 않는다.
이제는 정답을 외우지 말고,
새로운 방향을 만들어라.
그게 네가 쓸, **지혜의 교과서**란다.

부디, 너의 자녀들에게는
속도보다 **방향을 알려주는 어른**이 되어라.

아이야, 정말 미안하다, 그리고 사랑한다.

벼룩, 철문 그리고 나

네가 엄마를 엄청 기쁘게 했지. 아기 때 말이야. 중간 생략을 좀 하고, 네가 커서 엄마를 또 엄청 기쁘게 했단다. '책 없이는 살 수 없는 사람이 되었어요.'라고 말했을 때였어. '이제 너에 대해서는 걱정할 필요가 없겠다. 엄마가 못 알려준 세상의 이치를, 네가 살면서 굽이굽이 마주하게 될 인생의 고비를 책이 이끌어 줄 것이니까.' 엄마는 맘껏 안심했어.

너는 훈련소에서는 구석에 있는 책장에서 케케묵은 먼지를 털어내면서 거기 있는 책들을 다 읽었고, 자대 배치받은 후에는 어찌나 시간이 많던지, 전자책을 계속 읽는 너의 군 생활이 엄마는 부럽기까지 했어. 근무 시간에 짬이 나면 대포 발사 거리를 계산하는 모눈종이 한 귀퉁이에 글을 써서, 그 글을 엄마한테 보내주었지. 아!!! 너의 글은 어찌나 심오하던지, 쑥 커진 네가 너무 대견해서, 존경심마저 스멀스멀 밀려왔단다.

네가 제대하고 엄마를 만나러 오기까지, 쉬지 않고 차곡차곡 들어간 그 많은 책이 네 안에서 어떤 변화를 이루었을까 엄마는 궁금하고 설렜어. 다시 만난 너는 아주 희망에 찼고 자신감이 넘쳤지. 돈에 관심이 생겨서 주식 관련 책으로 시작된 독서는 다양한 분야로 깊고 넓어졌더라. 새로 시작할 일, 투자, 새로운 보금자리, 너는 아주 흥분되어 있었어. 그래, 좋았지. 너의 희망, 너의 흥분, 너의 시작...

그런데, 어쩐 일인지 너와 대화를 하면서 안심했던 엄마의 마음에 알 수 없는 불안이 일렁이기 시작했고, 대화는 계속 벽에 턱턱 부딪히는 느낌이었어. 너도 그랬지. 그리고 너는 그 이유를 우리는 가치관이 다르기 때문이라고 했어. 네 말도 맞는 말인데, 엄마가 생각한 이유는 조금 달랐어.

너무 커진 너의 에고를 보았다!
그게 에고인지, 자만인지, 넘치는 자신감인지 이렇게 이름 붙이면 긍정이고, 저렇게 붙이면 부정인데, 한가지는 뚜렷했어.

무언가 잘못 가고 있다...

네가 책을 읽고 생각을 키우면서 같이 체급을 키운 그 존재, 너와의 대화에서 느꼈던 단절, 너의 영역 밖으로 내쫓긴 느낌, 단단해진 너의 성벽, 그것은 무엇일까? 에고가 너의 지식과 함께 커진 걸까? 네가 아닌, 너의 에고와 대화를 하는 것 같이 느껴지자, 엄마의 안심은 불안으로 바뀌었어. 열심히 책을 읽어서 생각을 키우라고 할 때는 언제이고, 이제는 에고가 커졌다고 혼낼 기세이니 이해가 잘 안되지?

이 에고라는 놈은 참으로 헷갈려.
그리고 중요해.
그런데 또 위험해.

어떤 때는 다독이며 목표를 위한 일꾼으로 써야 하고, 어떤 때는 따끔하게 기세를 확장시키지 못하게끔 수그러 뜨려야 해. 그런데 그 '때'를 아는 것이 힘들어. 때를 놓치면 에고는 곧바로 몸집을 키우고 주인 행세를 하며 되려 주인인 우리를 노예처럼 부리니까. 그러니, 에고의 노예로 전락하지 않으려면 에고를 알아차리는 것이 중요해. 그러니 엄마와 숨은 에고 찾기부터 시작해 보자.

에고(Ego), 한자로 자아(自我), 한마디로 '나'야.
아리스토텔레스부터 니체까지 수많은 철학자들의 궁극의 질문이었던 '나'를 표현하는 단어는 상황에 따라서 에고, 존재, 의식, 셀프(self), 참나 등 다양해. 이것만 봐도 우리는 '나'가 무엇인지 설명하는 데 곤란을 겪고 있음이 분명해 보이지? 이렇게 '나'는 늘 모호하기만 한데, 또 언제나 해답은 '나'를 가리킨단다.

'너 자신을 알아라 [1]'
'나는 나를 잊었다 [2]'
'나 자신이 되어라 [3]'

엄마는 이 모호하기 그지없는 '나'를 찾는 여정을 떠나자는 것도 아니고, 수많은 철학자가 평생을 고심했던 '나는 누구인가'라는 질문을 던지려는 것도 아니야.

너와 이야기를 나누면서 느꼈던 단단한 어떤 벽,
너를 우월한 존재로 붕 띄운 네 안의 정체,
그 정체가 띄워준 곳에 갇혀 버린 너,
그 안에서 네가 단절시키고 잃어버린 것들,
책을 읽는 너와 그렇지 않은 남을 가르는 경계,
너와 통하는 사람과 그렇지 않은 사람에 대한 단정.
이것들을 말하고 싶어.

---

1 소크라테스(기원전 470-기원전 399), 고대 그리스 철학자.
2 장자(기원전 369~기원전 286), 중국 철학자.
3 프레드리히니체(1844-1900), 독일 철학자, 삭가.

이 정체를 엄마는 '에고'라 부르고,
'가둬버린 나'로 정의할게.

에고를 자각(自覺)하는 길부터 쉽지 않은 여정일 테니, 엄마 자신이 어떻게 에고를, 그러니까 '엄마를 가둬버린 존재'를 알아차리게 되었는지부터 얘기해 볼게.

엄마는 학교에서 시험 문제의 단골 정답 중 하나가 '자아발견' 또는 '자아실현'이었던 것을 아직도 기억해. 지문이 긴 문제는 웬만하면 '자아'를 쓰면 답이었어. 솔직히 그때 엄마는 자아가 무엇인지 잘 모르고도 시험 문제는 잘 맞혀서 대학에 갔어. 그런데, 대학에 다니면서도 '자아발견'은 한 적이 없는데, '자아실현'은 하고 싶더라고. 그때 엄마가 생각한 '자아실현'은 남들이 모두 부러워할 만한 직장에 좋은 조건으로 입사하는 거였어. 그런데, 직장을 찾기 위해 면접을 다니면서 '자아발견'이 절실해지더라. 나를 잘 포장해서 팔아야 했거든. 그래서 부랴부랴 '나'를 만들기 시작했어. 나의 학벌, 성적, 내가 했던 경험, 다른 사람들의 나에 대한 평가 등을 적당히 버무리니 괜찮은 상품으로 포장되더라구.

솔직히 말하자면, '자아발견'이라기보다 '자아제조'였지.
내 안에서 발견하려 하지 않고, 밖에서 보이는 것을 가져다 만들었으니까. 그러고는 거기에 '나'라는 명함을 떡 하니 달아주고 나니, 그럴싸한 '나'가 되었어.

> '우리는 내가 이룬 것, 내가 가진 것, 내가 소속된 집단이 주는
> 사회적 인식으로 나의 이미지를 만들어
> 그것과 나를 동일시하며,
> 그것들로 만든 자신에 대한 허구 이미지를 나라고 생각한다.
> 그것은 내가 아니다.
> 나의 에고이다[4].'

사회생활을 하면서 엄마는 여러 부류의 사람들을 만났어. 어떤 때는 잘 맞는 사람들도 있었지만, 엄마 기준에서 적잖게 '이상한' 사람들도 많았어. 그래서 엄마가 나를 포장해서 '나'라는 명함을 주었던 것처럼, 만나는 사람들에게도 푯말을 하나씩 붙였어. 그러니 아주 명확하게 '나는 이런 사람', '너는 저런 사람'으로 구분되었고, 그중에 '이상한' 사람이라는 푯말을 받은 동료의 언행에는 아예 관심을 주지 않게 되더라고. 그 사람들에게는 기대도 없고, 실망도 없고 관심도 없고, 웬만하면 접촉도 피했어.

이런 깔끔한 선 긋기는 더욱 엄마의 이미지를 강화시켰고, 엄마의 존재감을 돋보이게 하는 것 같았어. 그래서, 이런 식의 관계 정리가 일종의 사회생활 요령이라고까지 여기게 됐지.

---

4 다시 떠오르는 삶, 에크하르트톨레, 조화로운삶 출판사, 2018.

그런데, 엄마에게도 정신적으로 고통스러운 일이 있었거든. 정신이 힘들어하니까, 몸도 축 늘어지게 되더라. 그런데, 몸에서 유독 바빠지는 한 부위가 있었어. 바로 엄마의 뇌! 엄마의 뇌는 24시간 쉬지 않고 엄마에게 생겼던 일과 주변 사람들을 불러 모아 재판을 하고, 재판 상황을 생중계하느라 바빴는데, 내용은 항상 이랬어.

뇌 속의 어떤 정체는 갑자기 '검사'가 돼.
그래서 엄마가 처했던 상황, 타인의 언행 등 엄마가 아닌 모든 것의 과실을 입증해. 증거와 알리바이가 신속하게 수집되고 '내가 아닌 모든 것'은 싸그리 고소당해. 다음은 그 정체가 갑자기 나의 '변호사'가 되어서 이 사건을 수임해. 나의 행동과 생각, 과거의 사건들까지 '나와 관련된 모든 것'의 타당성에 대해 완벽한 변호를 시작했어. 마침내는 '판사'로 변신! 내가 아닌 모든 것에는 거침없는 유죄판결을, 나와 관련된 모든 것에 대해서는 명백한 무죄를 선고해. 그리고 이 재판은 오늘도 내일도 반복되지만, 언제나 한결같이 나의 타당함과 나의 우월함에 손을 번쩍 들어주었어. 그리고 이것을 증명하기 위해 뇌는 24시간 바빴던 거야.

끊임없이 이야기를 만들어내던 엄마 머릿속의 정체,
언제나 결국에는 엄마의 우월성을 증명해 내고 마는
그 정체가 '에고'라는 것을, 처음에는 알아차리지 못했어.

그런데, 꼬리가 길면 밟힌다고 했지? 24시간 동안 '내가 더 잘났어'로 결론나는 생방송을 듣고 있으니 이 무한 반복의 소리가 어디서 오는 것인지 의아해지더라. 그때, 엄마의 머리는 생각으로 터질 것 같았는데, 가만히 쫓아가 보니 언제나 같은 생각, 같은 결론이었어. 언제나 나는 무죄, 상대는 유죄. 죄를 판단하는 것도 나, 유죄를 선고하는 것도 나, 그 죄를 용서하는 것도 나. 왜? 나는 상대보다 우월하니까. 이렇게 에고라는 정체를 알고 나니 에고의 전횡(專橫)이 보이기 시작했어.

> '우리 자신을 이해하기 위해 내디뎌야 할 결정적인 걸음은
> '자아'야말로 우리 정신의 복잡한 메커니즘이
> 끊임없이 지어내고 업데이트하고 재작성하는
> 허구적 이야기라는 사실을 인정하는 것이다[5].'

자신을 스스로 오만하다고 생각하는 사람은 많지 않잖아. 엄마도 마찬가지야. 그런데, 엄마가 고통스러웠을 때, 엄마의 머릿속에서 내보낸 메시지는 너무도 한결같았어. '나는 더 잘 알고, 더 잘났고, 더 중요하고, 더 특별하므로 이 고통의 모든 원인은 내가 아니다. 내가 아닌 외부 상황, 내가 아닌 너이다.'

에고와 '너' 자신을 구분하기 힘들 거야. 에고라는 것은 오만한 사

---

5 21세기를 위한 21가지 제언, 유발하라리, 김영사, 2018.

람에게만 있는 것이라 여길지도 몰라. 하지만, 언제라도 알아채려고 한다면 너는 네 에고를 만나 볼 수 있어. **에고는 평상시에는 수면 밑에서 조용히 몸집만 키우고 망을 보고 있다가, 외부 자극이 들어올 때는 후다닥 나서서 열일하기 시작해.** 그런데, 외부의 자극이 있지 않더라도 한 번쯤 곰곰이 생각의 끝을 따라가면 숨어있는 에고를 만날 수 있어.

혹시, 다른 사람의 말을 들으면서도 끊임없이 네 잣대로 판단하고 있지 않니? 머릿속으로 굴리고 있는 네 생각은 결국은 내가 상대보다 더 많이 알고, 좀 더 잘났고, 좀 더 특별하다는 결론에 이르지 않니? 혹은, 그런 나의 이미지를 강화하고자 하는 의도가 네 생각과 행동에 묻어 있지는 않니?

기쁨과 성취의 순간일수록 더욱더 신나게 제 일을 하는 '에고'는 큰 소리로 우리를 칭찬하고 하늘 높은 곳까지 붕붕 띄워.
하나의 목표를 이루게 하고는 그것이 이루어지면,
재빨리 다른 목표를 데리고 와.

에고가 조용히, 그리고 서서히 몸집을 키울 때
우리는 조용히, 그리고 서서히 '진짜 나'를 잃어.

그래서 나에게 온 목표가 진짜 내 것인지, 아니면

에고가 자신의 생존을 위해 데리고 온 목표인지 모른 채, 이유를 모르는 전력 질주를 또 시작하는 거야.

너와 대화하면서 왜 엄마는 너의 자신감 있는 모습에 기뻤다기보다, 너의 에고가 보여서 불안해졌을까? 책을 통해서 쌓은 지식은 분명 너의 자신감이 되었어. 아주 좋아. 문제는 다음이야. **너의 자신감은 선 긋기를 시작했어.** 엄마가 사회에서 사람들에게 했던 짓과 똑같아. 책을 읽은 네게는 '지성인'이라는 푯말을, 책을 읽지 않는 친구들에겐 '정체된 사람'이라는 푯말을 붙였어. 그 푯말을 붙이는 순간, 너는 우등, 상대는 열등한 존재로 선이 그어졌지. 너의 에고는 너와 남을 가르고 너 자신을 우월한 자리에 앉힘으로써 '비교'를 시작했고, 이 '비교'를 통해 에고는 더 커져. 하지만, **결국은 에고가 너 자신을 '감금'시킨 거야. 다른 사람에게서 배울 기회를 차단한 거야. 기억해. 여기서부터 에고의 전횡이 시작된단다. 구분 짓고, 선을 긋고, 감금!**

> *'만일 지금 당신이 배우고 있지 않다면*
> *당신은 이미 죽어 가는 중이다.*
> *모든 사물에게서, 그리고*
> *모든 사물과 상황으로부터*
> *끊임없이 배워야 한다[6].'*

---

6 에고라는 적, 라이언홀리데이, 흐름출판, 2017.

엄마가 일했던 회사에는 일류 대학 출신들이 많았어. 그 친구들이 대학을 갓 졸업하고 회사에 오면 똑같은 신입사원이야. 종일 복사를 하기도 하고, 종일 조회서 봉투에 풀칠해야 하는 날도 있었어. 그중 한 명이 입사 후 얼마 되지 않아 회사에 오지 않았어. 얼마 후에 들었는데, "저는 복사를 하려고 XX대를 나온 것이 아닙니다."라는 말을 남기고 퇴사했더라고. 그 회사는 1년 안에 퇴사하는 비율이 높기로 유명했어. 신입사원을 조금 가르쳐서 일 좀 할 만하면 나가니까 엄마가 윗사람에게 대안을 건의했는데 답변도 만만치 않았어. "저런 애들이 나가도 우리 회사는 들어오겠다는 애들이 줄 서 있다."

이 이야기로 에고의 특징을 설명해 볼게.

첫째, 에고는 '가스라이팅[7]'이야.

에고는 '나'를 가스라이팅해. 진정한 나의 존재를 흔들어 놓고 마음대로 내 삶을 조정하고 싶어서 영향력을 키우며 내 존재를 서서히 말살시켜. 그리고 언제나 속삭이지. '이게 너야. 네가 소유한 것이 바로 너야! 더 많이 소유해야 더 많이 존재해!'라고. 신입사원의 경우 자신이 소유한 학벌을 자기 자신과 동일시했고, 상사는 자신이 소유한 직위를 자신과 동일시했어. 그러면서 신입사원의 존재는 '저런 애'로 규정되었고, 복사하는 일은 '그런 일'로 단

---

7 가스라이팅(gaslighting)은 띄어난 설득력으로 상대방의 마음에 현실감과 판단력을 잃게 만듦으로써 그 사람에게 지배력을 행사하는 것을 가리킨다. 상대방의 자아를 흔들어서 자신의 영향력을 증폭시켜 상대방을 자유자재로 다루는 정신적 학대의 일종을 일컫기도 한나(위키피디아).

정지어졌지. 어느 누구도 존귀한 존재로서의 자신과 상대, 배움의 기회를 보려고도 찾으려고도 하지 않고 관계는 단절되고 상황은 종결되었어.

관계의 문제는 언제나 에고와 에고의 대항이고,
이 대항에서 언제나 배움과 창조의 기회는 박탈된단다.

둘째, **에고는 '벼룩'이야.**
에고는 계속 톡톡 튀어 다니며 여기 붙고 저기 붙어. 고급지게 말하면, **에고는 끊임없이 동일화 대상을 찾아서 기생해. 에고가 주로 붙어서 몸집을 키우는 대상은 학벌, 경력, 재산, 외모, 배경, 지위 등등 외적인 요건**이야. 신입사원의 에고벼룩은 '일류 대학'에 붙었다가 좋은 직장으로 튀었어. 그 다음엔 좋은 차, 넓은 평수의 집, 좋은 배경의 배우자, 공부 잘하는 자식들... 여기가 끝일까? 천만에! 그 친구가 자신의 에고벼룩에 물려 온몸을 긁어 짓무를 때까지 에고는 다른 대상에 옮겨 다니며 평생 튀어 다닐걸!

셋째, **에고는 '철문'이야.**
아까 말했듯이 에고가 단정 짓고 구분하기 시작하면서 위험해진다고 했지? **단정 짓는다는 것은 무한의 가능성을 닫는 거야.** 신입사원은 자신을 '대단한 대학을 나온 사람'으로 규정하고, 자신이 '할 수 있는 일'까지 단정지었어. 그래서 자신을 '복사 같은 일은 할 수 없는 사람'이라고 선 그었잖아?

농담처럼 들리겠지만, 엄마는 복사를 하면서 깨친 인생의 진리가 너무 많아. 아무리 살펴봐도 복사기에서 에러 메시지가 없어지지 않을 경우가 있는데, 거짓말같이 한 대 때리면 작동된다! 또, 대부분은 리셋을 해야 했는데 전원을 껐다 켤 때, 때에 따라, 한참을 쉬게 해주면 작동이 돼! 그래서 엄마는 배웠어. '언제나 해결의 실마리는 예상치 않은 곳에 있다.' 그리고 멈춤과 리셋의 중요성도 알았어. 이것뿐이 아니야. 복사실에서 들은 많은 정보가 회사 생활에 큰 도움이 되기도 했고, 실제로 다음 회사로 이직할 때의 구인 정보도 복사실에서 얻었어. 일류 대학 교수진이 가르쳐주지 않는 인생의 진리를, 족집게 고액 과외 선생님도 줄 수 없는 고급 정보 또한 복사하면서 얻었는데 그 모든 가능성의 문을 그 친구의 에고는 철통같이 차단해 버린 거야.

넷째, 에고는 '에너지 킬러'야.
에고의 먹이 사슬을 알려줄게. 에고의 주 먹잇감은 비교야. 일류 대학, 좋은 직장은 자신을 비교우위에 올려놓을 수 있는 아주 좋은 먹잇감이지. 그런데, 일류대 출신이 아니어도 할 수 있는 '복사'는 비교우위의 자리에서 자신을 떨어뜨리는 일이잖아. 그래서 신입사원은 에고의 먹잇감을 지키기 위해, 복사일을 거부한거야.

우리는 인생의 많은 에너지를,

비교하고 비교 당하면서,

비교우위를 차지하기 위해 사용하고 있어.

그리고, 그 배후에는 비교를 먹고 사는 **에고**가 있어.

에고는 비교를 먹고

비교는 판단을 먹고

판단은 에너지를 먹어.

그래서 에고는 '보이지 않는 먹이 사슬'의 최상위 포식자야.

얼마 전 가족 모두가 만났을 때, 가족들이 너의 걸음걸이를 보고 놀랐잖아? 모델처럼 걷는다고 칭찬하니까, 네가 걸음걸이에 공을 들여 연습했다고 했어. 엄마도 네 걸음걸이를 보면서 우아하다는 생각을 했거든. 힘이 딱 들어갈 부분만 들어갔기 때문에 유연하고도 부드러웠어.

아이야, '**삶의 걸음**', '**인생의 우아한 자세**'를 위해서도 공들여 연습하길 바란다. 꼭 필요한 부분에 힘을 들이고 엉뚱한 곳에 에너지를 낭비하지 않으면 인생도 네 걸음처럼 우아해져. 만나는 사람들을 판단하고 비교하는 일은 언제나 네 에너지를 수진시켜, **에고는 판단과 비교를 먹고 산다.** 네가 힘을 빼야 할 곳은 이제 명확해졌어. **에고의 먹이를 키우는 데에 네 에너지를 소진시키지 마라.**

'시위를 당기며 우아한 자세를 유지하려면
각각의 부분에 꼭 필요한 만큼의 힘을 들여
기력을 낭비하지 않아야 한다[8].'

다섯째, 에고는 '대물림'된단다.

엄마가 여행하면서 혼자 오신 한국 분을 만난 적이 있어. 직업을 물은 적이 없는데 대뜸 본인이 변호사라고 하셨어. 경치가 좋은 곳에서 그분과 잠깐 이야기를 할 기회가 있어서 엄마가 말을 걸었어. "좋은 곳에 계시니까 가족분들 생각나시죠? 다음에는 가족분들과 같이 오셔야죠" 하니까 가족이랑 다 같이 하는 여행은 꿈도 못 꾼다고 하시는 거야. 이유인즉슨, 그분의 아내가 개인 병원을 운영해서 병원을 닫을 수 없고, 아이들은 고1, 고3이라서 입시 공부로 꼼짝 못 한대. 아이들이 전공은 정했냐고 물었더니 "성적이 되면 무조건 서울에 있는 의대고, 성적이 안 되면, 지방의대죠."라고 딱 잘라 말하더라고. "두 아이 모두 엄마 닮아서 의사가 되고 싶은가 봐요" 하니까, "의사가 변호사보다 나으니까요"라며 모래같이 깔깔한 목소리로 대답했어.

너무도 아름다운 경관이 눈앞에 있었는데,
그 말을 듣고 갑자기 그 경치가 너무도 암담한 회갈색으로 보였지.

---

8 아치, 파울로코엘료, 문학동네, 2022.

너는 이 이야기에서 에고가 보였니?

무서운 에고가 단절을 부르고, 무한의 기회를 차단하고,

자신을 감금시키는, 철문이 철커덩 잠기는 소리가 들렸니?

존귀한 존재를 몇 푼의 소유물로 동일화시킨 장면을 보았니?

에너지가 필요치 않은 곳에 전력 소진되는 것을 눈치챘니?

그리고,

더욱 무서운 것...

부모의 에고가 자식에게 대물림되는 슬픈 역사를 읽었니?

'누구의 소유물이 되기에는,

누구의 제2인자가 되기에는,

또 세계의 어느 왕국의 쓸 만한 하인이나 도구가 되기에는

나는 너무나도 고귀하게 태어났다[9].'

이제, 에고라는 철문으로 닫힌 감옥 밖의 세상을 한번 보자.

친구들과 자취를 시작한 어떤 날, 네가 엄마에게 투덜거렸어. 이
유는 '쥐뿔도 없는 애들이 화장지를 둘둘 말아 쓴다'였어. 네가 어
렸을 때 절약하는 걸 가르친다고 '화장실 휴지는 5칸이면 충분
해!'라고 가르쳤던 게 생각나서 (사실 5칸은 충분치 않을 때가 많
더라. 미안!) 조금 민망하기도 하고, 그걸 아직도 네가 지키고 살
았나 싶어서 웃음이 나오더라. 너는 자취하는 친구들이 휴지를 둘

---

9 세익스피어의 〈존왕〉 5막 2장에서 인용.

둘 말아 쓰는 것을 보고 아까운 자원이 낭비되는 상황을 참을 수 없었나 봐.

그렇지!!!
자원이 낭비되는 것은 정말이지 아까운 일이지!
그런데 엄마는 네가 인식하지 못한 엄청난 낭비 자원을 발견했어.
'의식의 낭비'야.
그리고 에고는 이 막대한 낭비를 불러일으킨 원흉이야.

네가 형체도 없고 본 적도 없는 네 의식을 제대로 갖다 써보지 못한 억울함보다, 화장실 휴지를 낭비 없이 야무지게 쓰는 게 더 중요하다고 여기면 할 말 없지만, 이렇게 생각해 봐. 백지수표가 있어. 막 둥둥 떠다녀. 필요할 때 갖다 쓰면 되고, 그게 다 네 것이야. 그런데, 너는 백지수표의 존재를 몰라. **그 백지수표는 무궁한 가능성이야. 숨겨진 창조성과 천재성이고, 너의 고유성이기도 해.** 아니, 네가 좋아하는 돈이야. 잘 가져다 쓰면 너는 원할 때 원하는 만큼의 재산을 얻을 것이고, 배움도 얻을 거야. 네 질문에 언제나 답을 줄 것이고 너를 키워주고 성장시켜 줄 거야. 그런데, 이 모든 것이 가려져 있대. **에고의 장막과 장난질로.**

'인간 의식은 자아에 의해
제한적이고 주관적인 자각 의식과

무한하고 객관적인 무의식으로 구분되고
그 사이에 잠재의식이 있다.
어떤 사람이 자신을
오로지 자신의 자각 의식과만 동일시하면,
그는 잠재의식의 투과성을 엄청 낮추게 될 것이다.
자아는 언제나 경계 짓고 구분짓는다[10].'

네가 생각하는 것, 네가 아는 것, 네가 보는 것이 전부가 아니라는 말은 들어본 적 있지? 그리고, 우리의 꿈이 잠재의식의 반영인 것 정도는 알잖아. 또 요즘에 양자역학의 원리를 통해 의식의 본질과 우주와의 상호작용을 밝히는 학문적 탐구에 대해서는 들어본 적 있지? 그러면, 우리가 인식하지 못한 무의식 또한 우주의 원리와 맞닿아 상호작용하고 있다는 말이 터무니없는 말로 들리진 않을 거야.

그러면 아이야, 네가 모르고 있는 너의 무의식이 너 자신을 넘어, 80억 지구인의 의식을 넘어, 태양계까지 넘어, 우주 전체가 움직이는 원리와 맞닿아 상호작용한다는 사실이 놀랍지 않니? 엄청난 가능성이고, 힘이고, 무한성이잖아.

너의 잠재의식도, 무의식도 주인은 '너'잖아.

---

10 몸은 알고 있다, 뤼디거달케, 이지앤, 2009.

그런데, **에고가 너의 무의식 속 무한한 힘과 참다운 너를 만나지 못하도록, 너를 의식의 표면에만 머물도록 하고 네 눈을 가리고 있는 거야.** 그래서 지금 당장 모니터 앞에서 주가 상승을, 통장 잔고를, 취업과 자격증을, 급여 명세만을 바라보도록 너를 조정하고 있는 거야. 엄마는 이것을 **'에고의 갈취 행위'**라고 명(命)하겠어. **에고는 너의 무한성을 갈취했어.**

'뇌의 단면을 보면 언어, 수리, 분석을 담당하는 좌뇌와 형체인식, 전체적 이해를 담당하는 우뇌가 있고 두뇌는 뇌량이라는 다리로 연결되어 있다. 우리가 지금 현재 수행하고 있는 활동에 따라 양쪽 뇌 반구들 중의 하나가 주가 된다. 두 개의 뇌가 하나가 될 정도로 투과성이 좋아지는 것, 주관적 자각 의식이 객관적인 무의식과 하나로 합쳐지는 것이 인간 최고의 기능을 허용하는 것이다. 그런데, '우리의 자아는 한쪽을 취하고 한쪽을 배제함으로써 만들어진 나에 대한 인식이므로 통합을 방해함으로써, 인간 뇌와 의식의 역량의 일부분만 취하도록 한다[11].'

에고는 참 바쁘게 산다.

자각 의식과 무의식 사이도 방해해야 하고, 좌뇌와 우뇌 사이도 방해해야 하니, 고놈 참, 하는 일이 많지? 이 에고의 분주하고 섬세한 방해 작전을 눈치챘다면 이제 네가 갈취당한 게 뭔지 알겠

---

11 몸은 알고 있다, 뤼디거달케, 이지앤, 2009.

지? 그러니 보이지 않는다고 '나 몰라라' 하지 말고, 갈취당한 것들을 도로 가져와.

이건 화장지 낭비와 차원이 다르지. 자취하던 친구가 화장지를 둘둘 말아 쓰며 아까운 자원을 낭비한 것에 분개한 네가, **너 자신의 일부분인 잠재의식과 무의식을 갖다 쓰지 못하게 하고, 좌뇌와 우뇌의 역량을 마음껏 사용하지 못하도록 가로막고 있는 에고의 갈취행위는 용납할 수 있을까?** '화장지'라는 인식에 너를 가두어 '무한한 의식'이라는 백지수표를 날려버리는 우(愚)를 범하지 말아라.

여기까지 이해했다면 마지막으로 너는 물을 거야.
'그럼 도대체 에고를 어떻게 다뤄야 하냐'고.

네 욕구에 기생하는 에고를 다루기 위해서는 우선 에고를 알아차려야 해. 그러니 너의 생각을 잘 따라가 봐. 단정 짓고 선 긋기를 시작했는지 주의 깊게 봐야 해. 너 자신이 다른 사람보다 더 중요하고, 더 특별하다는 명제로 가는지를 잘 관찰해. 또는 다른 사람들의 마음속에 특별하고 중요한 너의 이미지를 만들고 싶어 하는 의도된 행동인지도 예의 주시해야 해. 아무리 아닌 척 가장해도, 종착역이 그쪽을 향하고 있으면 에고 감지 경보를 울리는 것이 옳아.

알아차렸으면 째려봐 주어야 해. 에고는 알아차리면 수그러진대. 에고 감지 경보가 울렸으면, 의식의 표면에 머물던 너를 슬그머니 데리고 쑤욱 빠져나와 봐. 집을 나와, 지구를 떠나, 태양계를 떠나, 우주로 향하면서 두고 온 네 모습을 바라봐. 거기에 너는 없고 엄청 커진 에고가 보일 거야. 에고가 너를 데리고 분주하게 움직이고 있을 거야. 지켜봐. 네가 알아차린 순간, 에고는 수그러들고, 힘을 쓰지 못할 거야. 그러면 그때, 집 나갔던 진짜 너의 의식을 데리고 다시 들어와. 신선한 우주 바람도 맘껏 마셨겠다, 앉아서 네가 할 일을 다시 묵묵히 하면 돼.

비교, 우월함, 특별함, 선 긋기만 시키며 의식의 표면에만 널 가두던 에고는 우주에 내다 버리고 온 거야. 네가 우주로 산책하면서 에고를 내려다보는 사이, 에고는 잠잠해질 것이고, 에고 너머의 진정한 내면의 소리가 들리기 시작할 거야. 그게 바로 우주와 맞닿아 있는 무한한 가능성의 진짜 너야. 맞아, 처음에는 들리지 않아. 그러니 에고를 잠재우기 위해 자주 우주로 산책을 나가야 해.

네 에고를 감지하고 엄마 마음이 다급해져서 지금까지 숨 가쁘게 왔는데, 여기서 숨 좀 한번 쉬자. 네가 "엄마는 별것도 아닌 걸로 호들갑이셔?"라고 할 것 같아. 맞아, 우리 중에 얼마나 많은 사람이 '에고'와 '무의식'을 인식하고, 우주 원리와 의식의 원리가 맞닿아 있는 '양자역학'을 생각하며 살겠니? 모두 사느라고 바쁜데…

엄마도 '사느라'고 바빠서 '사는 것'의 참뜻을 몰랐어.

'자아실현' 하느라 바빠서 '자아발견'을 하지 못했던 아이러니와 똑같아. 우주 원리, 무의식 이렇게 거창하게 말이 나왔지만, 우리가 처음에 시작한 것처럼, 이 거창한 말은 결국 **'나'를 찾기 위해 '에고'를 걷어내는 일로 종결돼.**

'나'라는 명함을 갖고 오랫동안 '나'인 척하고 살았던 것들. 직업, 경험, 성취한 것, 모아놓은 것, 타인의 평가... 그렇게 대단한 것이 아닌데도 걷어 내려면 이것들은 필사적으로 '나'에게서 꿰찬 자리를 내어주려 하지 않을 거야. 그것들이 '정체성'으로 둔갑되어 진정한 나를 옴싹달싹 못하게 힘이 강해졌으니까.

그런데 아이야,
에고 너머에 진짜 너의 '존재'가 있단다.
에고는 너에게 '생존'하라고 하지 '존재'하라고 하지 않아.
네가 우뚝 존재하는 순간, 생명이 다하는 에고는
끊임없이 네게 새로운 욕구를 데리고 올 거야.

하지만 우리는
에고가 데리고 오는
잡다한 욕구 따위나 충족시키며 살기엔 너무 큰 존재란다.

'미래가, 그리고 더없이 멀리에 있는 것이
너희들이 오늘 존재하는 그 존재 이유가 되기를 바란다[12].'

에고를 모두 걷어내는 일은 힘들어. 우리는 에고와 함께 살아야
해. 에고는 끊임없이 하나의 목표를 이루면 다음 목표를 데리고
오면서 한편으로는 인생의 크고 작은 많은 목표를 이루게 하기도
하니까. "이것을 나쁘다고 말할 수 있을까요?" 네가 이렇게 묻겠
지. 맞아. 에고라는 대상에게 '나쁘다, 좋다, 죽여라, 살려라'와 같
은 접근은 적합하지 않아.

엄마가 말하고 싶은 것은,
에고라는 철문 안에 갇혀서 못 보고 놓치는 것의 중요성이야.
에고가 우리를 맹목적으로 이끄는 잘못된 방향성이고
에고가 선 그은 한계 너머의 무한성이며
에고가 우리를 가두어 둔 감옥 바깥의 진정한 너의 존재야.

그래서 아이야,
'사는' 목적은 '얻은' 것을 축적하는 게 아니더라.
'사는' 방향은 언제나 성장을 향해야 하더라.
가짐이 아니라 배움이고, 축적이 아니라 나눔이더라.

---

12 차라투스트라는 이렇게 말했다, 프리드리히니체, 민음사, 2004.

결국 이 성장은,
에고 너머의 무한한 '나의 존재'를 만나는 여정이더라.

> '만약 당신이 이미 알고 있다고 생각한다면
> 당신은 결코 그것을 배울 수 없다.
> 스스로 자신이 최고라고 생각하는 사람은
> 절대 발전할 수 없다.
> 다른 사람보다 우월한 입장에 서기 위해 노력하기보다는
> 다른 사람을 도움으로써 궁극적으로 자기 자신을 도와라[13].'

아이야,
에고를 알아차린다는 것은 너의 존재를 알아차린다는 것.

미리 알아차리길, 너의 에고가 춤추는지를.
이미 존재 해주길, 에고 너머의 커다란 너 자신으로.
부디 잊지 말길, 백지수표 같은 너의 무한한 의식의 자산을.

---

13 에고라는 적, 라이언홀리데이, 흐름출판, 2017.

눈물

그대,
그대를 위해 울어 본 적 있는가
가슴에 치밀어 오르는
분노와 격정 그런 거 말고

진정
자신의 본질 그 자체로의
자신을 위해
눈물을 철철 흘려 본 적이 있는가

그대,
그대를 위해 울어 본 적 있는가
어느 날
열심히 살고 있는 그 열심히 속에
스스로는 포함되지 않은 걸 깨닫고

그 스스로를 찾다가
오롯이 나 자신만을 위해
흐르는 눈물을
마주한 적이 있느냐 말이다.

언젠가
그대가 그 눈물을
마주하게 된다면

그때
그대의 삶과
태어난 이유와
앞으로 살아가야 할 날들이
파란 하늘처럼 펼쳐지리니

그때
그 눈물을 소환하자

과거의 후회가 아닌
펼쳐질 미래와
아직도 가야 할 길을 위해

당신의 반짝이는 눈물을
값진 보석으로 맞이하자

틸트이펙트

아이야.

네가 두 발로 서 있다는 건 몸에 중심이 있기 때문이야. 떨어지지 않고 앉아 있다는 건 의자가 중심을 '제대로' 잡고 있기 때문이지.

소음 속에서도, 네 의견이 존중받는 건
잡음 속에서도, 이 사회가 지속되는 건
굉음 속에서도, 지구가 계속 도는 건
'중심'이 있어서야.

모든 것에는 '고요한 힘', '중심'이 꼭 있어야 하지. 왜냐하면, '중심'은 모든 영속적인 존재에 필요한 기본이야. 존재의 힘은 '기본이 갖춰진 힘'이거든. 마찬가지로, 살면서 너와 엄마에게도 요구되는 자세란다.

갑작스럽지만, 엄마가 고백 하나 할게. 네가 한 마리의 '어린 양'이었다면, 엄마는 양치기였어. 평범한 엄마 양치기들처럼. 엄마도 비바람이 불기 전에 서둘러 너를 보호했던 적, 늑대가 있다고 지레 겁먹고 새로운 도전을 피해 갔던 적, 원하지도 않는 목초를 대신 찾아주느라 힘을 뺐던 적이 있었지, 엄마는 너의 양치기가 되는 걸 멈추지 못했어. 네가 유아였을 때, 엄마는 불안해하고 주변에 휩쓸리고 닥치지 않은 미래를 걱정했었지.

그건 엄마가 중심이 없었거나, 있는데도 잡지 못해서 잃어버린 거였어. 무엇이 중요한지, 어떤 것을 놓치고 있는지, 왜 잡아야 하는지 잘 몰랐던 시기였어. 걸어본 길, 겪어본 계절, 알고 있던 세상이 다인 줄 알았던 것이지. 익숙한 불편을 벗지 못하고, 앎의 한계를 모른 척하고, 생각의 낡음을 버리지 못했던 거야. 그 불편과 한계와 낡음을 방관한 것이지.

엄만 이게 '보통의 삶'이라 착각했었지.

어느 날부터, 엄마는 '착각의 쳇바퀴'를 멈추기로 했어. 네게 '필요치 않은' 내지는 '넘치는' 보호가 오히려 널 어리석게 만들지도 모른다는 생각이 들었거든. '바움린드[1]'의 말처럼, 자녀를 어리석게 키우는 '허용적인 부모'가 엄마인 것 같은 느낌 때문이었어. 엄마가 중심을 제대로 잡으려면 적어도 중심이 무엇인지, 중심이 왜 중요한지 알아야 했어.

중심은
중간(中間)이 아니야.
중앙(中央)도 중용(中庸)도 아니지.

'중간'은 두 사물의 '사이'를 말해. 가운데지. '중앙(中央)'은 '가운데 중에 가운데', 중용은 '언제 중앙 또는 중간에 중심을 잡고 서야 할지를 알려주는 지혜로움'인 것이야. '가령, 양극을 각각 2에서 10이라고 할 때, 가운데는 6이어야 하지만 중용이란 그런 것이 아니라 각 상황마다 적절하게 전반적인 상황을 파악해서 가장 적합하게 맞추는 것[2]'이란다.

즉, 중간은 '적당함'이고 중앙은 '가운데'고, 중용은 '적합함'이야. 그리고 '중심'은 이 모두를 지휘할 수 있는 사람의 내면에 세워지는 '기준'이야. 네가 올바른 선택을 하도록 돕는 '기준점'이지. 사회 변화에 휘둘리지 않고, 지구상에 존재하는 '너'의 질서를 잡아

---

1 Baumrind(1927~2018) : 미국 임상심리학자. 바움린드는 부모의 양육 태도를 독재적인(Authoritarian), 권위있는(Authoritative), 허용적인(Permissive), 무관심한(Neglectful) 태도로 구분했으며, 이 가운데 허용적인 부모들의 자녀가 가장 어리석게(Spoiled) 성장한다고 보고했다.
2 미덕의 경영, 노나카이쿠지로, 곤노노보루, 에버리치홀딩스, 2009.

주는 존재. 중간의 '적당함'과 중용의 '적합함'을 찾아서, 네가 판단할 수 있는 기준. 중심이 있어야 중간을 찾을 수 있고, 중용의 자세를 갖출 수 있다는 말이야. 엄마가 당부할 말은 중심을 확실히 잡으라는 것이지.

그래서, 중심은
일상의 기준이어야 하고, 지탱할 힘이자, 시간의 효율이어야 해.

먼저, 중심은 **'일상의 기준'**이란다
삶 전체에는 중심이 있어야 하지. 중심이 있어야 제대로 선택할 수 있거든. 선택이란 두 가지를 동시에 고를 수 없는 거잖아. 좋거나 싫거나, 틀리거나 맞거나 취하거나 버리거나 기준이 있어야 해. 삶이 질서 있고, 조화로워지려면 말이야. 만약, 기준이 없으면 너의 선택은 뻔하거든. 과거와 같은 똑같은 선택을 하거나 기분에 따라 제멋대로 선택하게 돼. 아무 생각 없이 남들을 따라 하고 말이야. 결단성을 가지려면, 일상의 기준이 필요해.

중심은 **'지탱할 힘'**이야.
중심을 갖지 못하면, 직립 보행하는 우린 똑바로 설 수 없어. 걷지를 못해. 저울도 시소도 '추'도 중심이 없으면, 제대로 운동할 수 없잖아. 자전과 공전을 하는 지구는? 우주 어디론가 떠돌아 다니겠지. 지구상 모든 것은 기울어지고 삐뚤어지고 쓰러지고 말거야.

'생각의 중심'도 마찬가지야. 삐딱한 시선, 삐딱한 마음으로 삐딱하게 걸을 수밖에 없어. '긍정'보다는 '부정'의 씨앗이 자라날 확률이 높아. 삶 자체가 삐딱해져.

그리고, **'시간의 효율'**로서의 중심.
중심이 없으면 생각이 많아져. 안타까운 건 생각의 중심이 없다는 사실조차 깨닫지 못하는 거야. 계획하고 결정하고 실천해야 하는 시간보다 '생각하느라' 시간을 허비하지. 생각은 생각을 물고 늘어지잖아. '되지 않는 이유'의 늪에 빠지고, 이유는 핑계와 자기합리화로 이어져. 자기 딴에는 심사숙고한다고 하는데, 그건 과도한 완벽, 회피 그리고 나태함을 증명하는 셈이야. 기준을 가진 '실행자'와는 차원이 달라.

왜 우유부단한 사람 있잖아, 이게 맞나, 저게 맞나 기웃거리는 사람. 철학자 데카르트는 이런 사람들을 '수단 선택의 곤란[3]'을 겪는 사람이라고 했어. 더 강력하게는 '결단성이 없는 것은 우리의 천성에서 가장 공통되게 명백한 악덕[4]'이라고도 표현했어.

'악덕'이라니! 다른 설명이 필요 없을 정도야. 결단을 내리지 못하고 지탱할 힘이 없으면 어떻게 되겠니? 삶이 무분별하고, 무질서

---

3 방법서설, 르네데카르트, 동서문화사, 2016.
4 방법서설, 르네데카르트, 동서문화사, 2016.

하고 무의미한 거잖아. 질서에 어긋나니까 악덕이 맞지.

자, 무질서한 삶을 살지 않으려면 어떻게 해야 할까?
무질서! 무엇부터 시작해야 하고 끝낼지 전혀 모른다는 거잖아.

걱정부터 되지 않니? 불안하고 조바심 나고, 남의 말에 끌려가기에 십상이야. 네가 소유하고 싶은 미래를 꿈꿀 수 있겠니? 끈기는 발휘할 수 있겠냐고. 목표는 많아도 시작과 끝을 알 수 없잖아.

있어야 할 '중심'이 없으니, 좌충우돌하는 건 당연해. 반복된 불편함과 예정된 혼란스러움을 겪고 말이야. 생각은 미궁 속으로 빠져서, 표류하고 말 거야. 이리 툭 저리 툭 아무 데나 머물게 되지. 중심이 '될 수 없는 곳'에 정착하고 만다는 뜻이지.

그러니, '경험의 기둥'이 튼튼할 리 없어. 받칠 힘이 없으니, 삶의 무게가 버거울 거야. 무얼 잃어버리는지조차 몰라. 생각의 파편들이 엉키고 섞여. 섞이니까 잡념에 사로잡혀서, 쓸데없이 심각해지는 거야. 눈가리개를 하고 있던 늙은 말이 눈의 자유를 얻는 순간, '풀을 뜯고 물을 마실지, 목을 축이고 풀을 뜯을지[5]' 선택하지 못하고, 고민하다 굶어 죽는 격이란 말이야.

---

5 내려올 때 보았네, 이윤기, 비채, 2007

'어떻게 하여 실행의 용기를 되찾을 것인가.
사물을 땅에 얽매어 놓은
상대적으로 유용한 선(善)을 권장하는
무의식, 자발성, 본능을 조금이라도 되불러 오면 된다[6].'

아이야.
중심이 없으면,
중심이 될 수 없는, 되어선 안되는 선택을 마치
'소신'인 줄 착각한단다.
그건, 너를 '소모'하는 거야.

나 아닌 것과 나를 비교하느라
실상 아닌 허상을 힘겹게 좇느라
과거의 관성을 소신인 양 따르느라
자신을 존재 위에 세우지 못하는 것이야.
삶의 이치를 모르고 사는 것이지.

그러니까, 너는 항상 중심을 어디에 두었는지 살펴봐야 한다.
어디가 흔들리고,
언제 바로 잡아야 할지 말이야.

---

6 아미엘일기, 앙리프레덕아미엘, 동서문화사, 2006.

아무 데나 머물러서, 과거의 선택을 반복하지 말고
삐뚤어진 중심으로 남들의 의견을 따라가지 말고
잘못된 중심으로 휘청이는 자아를 내버려두지 말고

제대로 중심을 잡아야 한다.
'진짜 중심'.
'삶의 본질'에 못을 박고, 진짜 중심을 잡아보자.

아이야, 진짜 중심을 찾는 방법은 딱 하나야.
지금껏 잡았던 중심을 모두 놔 버려.

삐뚤어진 모든 걸 흐트러뜨리고 없애야 해.
새 유니폼을 입으려면, 입었던 유니폼을 벗어야 하고
잘 맞는 신발을 신으려면, 작아진 신발을 버려야 하고
2루를 향해 뛰려면 1루에서 발을 떼야 해.

네 '진짜 중심'을 잡으려면 '가짜 중심'에서 반드시 벗어나야 해

'날마다 옷을 갈아입듯이,
하루하루 생명 없는 환경은 벗어버려야 한다[7].'

---

7 자기신뢰철학, 랄프왈도에머슨, 동서문화사, 2020.

네 진짜 중심을 찾으려면, 과감히 버리는 것밖에 없어.

누구나 그런 적 있잖아. 다 배웠다고, 다 안다고 다 해봤다고 생각했지만, '처음부터 다시 새로' 배워야 했던 적 말이야. 잘못 잡은 중심 때문에 시간을 허비하면 안 돼. '불편과 한계와 낡음'을 박차 버려야 해.

이러한, '중심 잃기'는 새로운 기준을 세워야 할 '이유'를 찾는 과정이야. 왜 중심을 다시 잡아야 하는지 그 이유를 알아야 잘못된 중심을 벗어날 수 있어. 본질에 가까운 '이유'를 꼭 찾아야 하거든. '중심을 잘 잡아야지' 하는 생각에 머무르면 중심을 잃을까 봐 전전긍긍할 테니까. 대신 이유를 찾아야 하지. 그래야 과거의 프레임을 깨고, 새로운 사고를 할 수 있어. 그건, '잘못 잡은 중심'을 깨고 '올바른 중심'을 찾는 데 꼭 필요한 단계야. '사회와 개인'의 중심이 엉뚱한 곳에 가 있으면 그릇된 경향이 생기잖아.

하지만, 절대로 벗어날 수 없는 중심도 있어. 사람이 서 있고 걷는 데 필요한 몸의 중심, 수학 시간에 배운 원의 중심, 지구 자전축의 중심. 이런 것들은 중심을 옮길 수가 없잖아. 몸, 원, 지구는 중심이 달라지면 불완전해지거든. 아이야, **세상의 완전한 것은 이미 중심이 정해져 있단다.** 그 자체야. 모든 것은 양극이 있거든. '선'에는 '악', '밝음'에는 '어둠'처럼 말이야. 하지만 몸, 지구, 우주, 공기와 같이 완전한 것은 이면이나 대립이 없어.

너도 세상에서 유일해.

완전함 그 자체지.

그러니, 너도 중심을 반드시 잡아야 한다.

중심을 잡지 못하면 네 주변 모든 것이 삐뚤어져.

그럴 리 없겠지만, 지구가 삐뚤어지는 것과 같아.

네가 삐뚤어지면 너와 관계된 모든 것이 삐뚤어지고

그렇게 그 주변도 또 삐뚤어지고

결국, 모든 것이 삐뚤어지지.

우리 사회를 한번 보자.

중심이 잡혀야 할 사회가 중심이 삐뚤어져 있어.

엄마는 이런 현상을

'틸트이펙트(Tilt Effect, 쏠림효과)'라고 명명하려 해.

먼저, 개인적인 '틸트이펙트'야.

돈을 좇느라, 다른 것을 잃게 되는 경우지. 돈 때문에 건강, 가족, 관계, 직업, 일을 잃는 경우를 많이 봤잖아. 비단, 돈을 좇는 게 아니더라도 중심을 잡지 못하면, 정신이든 신체든 고장나지. 쏠리는 건 당연해. '번아웃'이나 '워라벨'이라는 말이 왜 등장했을까? 한쪽으로 쏠렸기 때문이야. '중심'이 제대로 잡혀있지 않은 것이지.

관계의 '의미'보다 현상적인 '과시'로,
도덕적인 '가치'보다 물질적인 '소유'로,
미래의 '가능성'보다 현실적인 '대처'로
힘의 불균형이 일어난 거야.

다음은 사회적인 '틸트이팩트'야.
성공과 경쟁의 수위가 그것들의 '본질'을 넘어서서, '과도한 자기관리'를 부추기게 된 거야. '외모지상주의'가 대표적이야. '체형 정체성'의 기준을 바꾸어 놓았잖아. 아, '물질만능주의'도 못지않지? '빈익빈 부익부'도 극심해졌어. 그러다 보니, 직업에 대한 기준도 한쪽으로 치우치고 있잖아. 말하자면, 공무원, 크리에이터, 코인 산업처럼 말이야. 하지만, 지나치면 폐단이 있게 마련이지. 사람을 버리고, 가치를 버리고, 미래를 버리는 일이 벌어지고 있잖니. '학벌'에 쏠리는 건 당연할 수밖에 없어. 입시와 취업에만 중심이 가 있어. 중요한 '철학'과 '윤리', '도덕'이 상실되고 있어.

모든 행위는 인간과 자연을 위한 '덕'이어야 하는데, '가짜 배움'이 인간과 자연을 멀어지게 했어. '진짜 중심'에서 점점 멀어지는 것이지.

결국, '돈이 되는 직업', '돈이 되는 공부'를 하는 경향이 만들어졌어. 쏠려도 너무 쏠려버린 거야. 잠깐, 엄마도 쓰다 보니, 이야기가 한쪽으로 쏠려 있네. 중심으로 다시 돌아가자.

사회는 사람들이 현재에 만족하고 현재에 중심을 두고 내적 자유를 추구하도록 내버려 두지 않아. 더 나은 '명함'을 향해 가도록 만들지. 엄마도 너도 지금은 행복해하지만, 이 행복은 금세 상실될 수 있거든. 많이 배워서, 많이 알고 있는데 우리 사회는 왜, 이상한 현상이 일어나고 있을까? 가짜 중심이 생겨나는 이유는 뭘까?

사람은 모두 욕구하는 동물이잖아? '쏠림'을 인지하지 못한 채, 욕구를 '해야 하는 의무'로 여겨서야. 의무의 합당한 이유를 찾지 못했기 때문이지. 이유를 알기 전에 목표만 좇았기 때문인 거야. 아마 그 목표는 가짜 목표, 잘못된 목표일 확률이 높아. '틸트이팩트'는 경향성을 잘못 띤 결과잖아. 몸통과는 이질적인 꼬리가 붙어서, 본질의 '맑은 물'을 흐리는 것과 같아.

아이야, 하나의 중심을 지닌 사람과 그렇지 않은 사람은 다르단다. 중심이 있는 사람은 '자신과 자기 가족을 자신의 천지[8]'로 삼고, 전체를 바라보는 사람이야. '의무'를 먼저 해내지. 하지만 중심이 없는 사람은 현재에만 집착하고 '권리'만 내세워. 게다가 멀리 있는 '이상'만 좇아. **중심을 삼고 사는 사람은 가까이에 있는 사람, 지금 내가 해야 할 몫에 집중하거든.**

---

8 도덕경, 노자, 현대지성, 2025.

'가서 당신의 아이나 사랑하시오.

당신의 나무꾼을 사랑하시오.

착한 마음과 겸손함을 지니시오. 품위를 갖추시오.

그리고 절대로 당신의 사납고 매몰찬 야심을

천 마일이나 떨어진 곳에 있는 흑인에 대한

대단한 애정으로 포장하지 마시오.

먼 곳에 있어 이룰 수 없는 그 사랑이

집에서는 원망이 될 것이오[9].'

아이야,

너의 중심은 진짜니?

혹시, 가짜 중심이 키워지고 있다면?

그건 세상의 이치를 깨닫게 하려고 나타난 **'의도된 오류'**야.

중심을 갖지 않은 사람, 잘못된 중심을 가진 사람에게 꼭 말해주고 싶어. 지금 '쏠림'의 중심을 모두 깨야 한다. 오류와 불균형과 무질서를 알아차려야 해. 잘못된 판단이 더 큰 사태가 되기 전에 우리는 중심을 재배치해야 해.

아이야, 새로운 중심은 어디에 두어야 할까?

9 자기신뢰철학, 랄프왈도에머슨, 동서문화사, 2020

첫 번째, '정신'보다 '의식'에 중심을 두어라.

중심을 다시 잡으려면, 깊은 통찰이 필요해. '보는 눈'을 가져야 하지. 그러려면, 네 의식을 열어야 한단다. 올바른 신념이 필요해. 의식(Consciousness)이 열려 있어야 지혜로운 삶을 살 수 있거든. 의식이 깨어 있지 않으면, 삶을 다시 배워야 하지. '인간의 정신이 삶의 여러 가지 우연한 상황들과 마주쳤을 때 무엇을 선택해야 할지를 인간의 의지가 알 수 있도록[10]' 늘 의식하며 살아야 한단다. 정신을 움직이는 힘은 열린 의식으로부터 강해지니까.

두 번째, '감정'보다 '내면'에 중심을 두어라.

'외모나 점수 중심'의 사회 분위기 때문에, 공허한 적 있을 거야. 우선 너부터 '마음'을 따라라. 네가 길을 정해야 나아갈 수 있어. 네가 힘을 가져야 하지 않겠니? 너의 내면을 중심에 두는 것은 당연한 일이야. 어렵겠지만 타인의 내면도 중심에 둘 줄 알아야 해. 현상의 '겉'을 다루기보다 현상을 만드는 사람의 '속'을 알아야 하거든. 현상의 이유를 알려면 말이야. 보이지 않는 생각을 예측하는 건, 현상을 직시하고 해결책을 찾는 탁월한 방법이야. 의식과 내면을 올바로 세우는 것이야말로, 중심을 재배치하는 길이지.

세 번째, '유한'보다 '무한'에 중심을 두어라.

과거부터 현재는 유한하잖아. 네 눈에 보이는 실체지. 가령, 직업

---

10 방법서설, 르네데카르트, 동서문화사, 2016.

말이야. 개개인의 맹목으로 '보이는' 것에 중심을 두다가는 선택의 가치가 떨어지거든. 잘못된 중심으로 부정적인 산물, 부정적인 태도만 불러올 뿐이지. 선택의 오류를 줄이고, 틀림없는 결과를 얻으려면, '무한'에 중심을 두어야 해. 무한한 건 보이지도 만져지지도 않아. 꿈, 가능성, 지혜, 선, 용기, 사랑... 이 무한한 것들은 보이지 않잖아. 하지만 영원하고 오래가지. 무한은 네가 지니게 될 유한에 든든한 토양이 되어 줄 거란다.

네 번째, **'필요'보다 '배움'에 중심을 두어라.**
'필요'를 중심에 두지 말라는 말이야. 필요해서 공부하고, 필요를 충족하면 배움을 그만두는 사람이 있거든. '배움'은 끝이 없는데 말이지. 필요한 것을 얻기 위해 배우지 말고, 배우면서 '필요한'게 저절로 오게 해라. 배움에 중심을 두면 필요가 따라오지만, 필요에 중심을 두면, 배움을 멈추는 오류에 빠진단다.

다섯 번째, **'정답' 대신 '오답'에 중심을 두어라.**
삶에는 정답이 없어. 이 말은 누구나 알고 있지. 그런데 왜, 맨날 정답만 찾으려고 할까? 차라리 오답을 찾는 게 나아. 오답을 찾아갈수록 정답에 가까워지거든. 그러니, 오답에서 질문을 품어라. 질문하지 않는 사람은 현실에 고여 있는 거야. 정답에 머물러 안다는 자만에 함몰된 것이지. '질문'이란, '너의 동기, 목표, 앎의 수준이 반영[11]된 거란다. 중심을 잘 잡으려면 오답에서 출발해.

여섯 번째, '생각'보다 '이해'에 중심을 두어라.

생각과 이해는 비슷한 거 아니냐고? 아니, 달라. 생각은 '고여 있는' 것이고, 이해는 '열려있는' 것이거든. 알고 있는 생각에만 머물러 있으면, '고여 있는' 지성으로만 판단해. 안다고 해봐야 그것밖에 못 보는 거니까. 고민해 봐야 고민 안에 들어앉아서 빠져나오기 힘들어. 상황을 이해해야만 상황이 새롭게 열린단다.

일곱 번째, '자존감'보다 '존재감'에 중심을 두어라.

네가 너로서 채워질 때 존재감을 느낄 수 있어. 외부의 조건으로 채워진다면 존재감은 낮아져. 스스로의 '격'을 존중하지 못해서 감정적으로 허덕이지. 존재감이 부실하면, 그 위에 쌓아 올린 자존감이 제아무리 높아도 흔들릴 때 받쳐줄 그 무엇도 없게 돼. 많이 가진 사람, 아주 뛰어난 사람, 자존감이 한껏 고양되었던 사람이 한순간 무능감의 늪에서 허우적대는 이유는 존재감이 없어서지. 덜 가져도 덜 유능해도 덜 인정받아도 괜찮아. 그것들에서 해방된 느낌. 그때 존재감이 바로 세워진 것이며 그 위에 자존감이 서야 해.

지구상에 존재하는 '너'는 하나밖에 없어. 세상의 중심이 '너'라는 생각은 네 존재감을 키우는 '뿌리'지. 그 뿌리를 바로 세워야 그

---

11 엄마의 유산, 김주원, 건율원, 2024.

위에 '삶'이라는 '집'을 지을 수 있어. 드넓은 대지에 뿌리가 될 존재감이 든든해야 '자존(自尊)'이라는 기둥이 세워져. 나아가 '자기(自起)'라는 이성의 틀로 '통찰의 창문'을 만들 수 있지. 존재감을 갖지 못한다면, 집 전체가 흔들리는 거야.

존재감 없이 자존감, 자부심, 자신감이 켜켜이 쌓인다면 혹여 너의 선택과 다른, 한쪽으로 쏠릴 수 있어. '레밍 쥐'의 맹목적인 집단행동[12]처럼. 군중심리로 자신의 존재를 잊어. 타인의 존재 위에서 마구 앞으로만 뛰게 되잖아. 너와 타인의 의식과 내면을 예측하는 것은 현상을 바로 볼 수 있는 단서야. 이때, 무한함과 앎, 오답과 이해, 존재감이 필요해. 내면과 의식을 관통할 수 있어야, 중심을 재배치할 수 있는 거야.

아이야, 내면의 기준이 네 삶의 중심이 되면 너는 네 주변의 중심이 될 거야. 그때 널 중심으로 줄을 서고 질서가 잡힐 거야. 기준을 세우는 이유는 새로 정렬하고 질서를 잡기 위한 것이잖아. 개인과 사회는 고정된 중심이 아니라, 유연성 있게 중심을 옮길 수 있어야 해.

---

12 스칸디나비아반도에 사는 설치류의 일종인 '레밍 쥐'는 번식력이 좋아 개체 수가 급속히 빨리 느는데, 개체수가 급증하면 다른 땅을 찾아 움직인다. 이동 시 직선으로 우두머리만 보고 따라가다 집단적으로 호수나 바다에 빠져 죽기도 한다. 이처럼 '레밍 신드롬'은 맹목적인 집단행동을 비난할 때 종종 인용된다. 레밍 효과(The Lemming effect)라고도 한다. 한경 용어사전, https://dic.hankyung.com

중심의 재배치가 끝났니? 중심을 제대로 잘 잡았는지 봐봐. 중심을 잘 잡으면 무엇에 이로울까? 올바른 선택을 할 수 있어. 엄마가 내린 결론이야. 삶은 매 순간의 선택으로 이어지니까. 중심이 있으면, 선택한 이유와 선택하지 않을 이유를 설명할 수 있어. 선택의 방향을 확실하게 해주고, 삶의 방향을 명확히 설정할 수 있어.

아이야.
기준이 아직 없어도 괜찮아.
나아지는 쪽으로 뜻을 세우면 돼.
네가 나아지는 방향은 네 삶에 유리해.
네 삶이 유리하다면 네 주변의 삶도 유리해지지.

앞서가는 양의 무리를 무턱대고 따르지 말고
무리를 놓칠까 봐 겁내지 말고
서 있는 자리가 안전하다고 방심하지 말고

길의 흐름, 계절의 흐름, 세상의 흐름대로
너의 **중심**을 재배치해라.
엄마는 엄마의 중심을,
너는 너의 중심을 바로 잡아가자.
이렇게 서로에게 든든한 존재가 되자.
엄마도 엄마 무리에서 고개를 들 테니

너도 너의 무리에서 고개를 들어라.

'내면의 바다'에서 침전된 질문을 건져내라.
네 의식의 뚜껑을 열어 본질을 느끼고
깊은 내면으로 들어가 가치를 보고
네게 세워진 기준으로 중심을 세워라.
네가 쥐어야 할 중심을 누군가가 쥐고 흔들지 않게 해라.
흐트러진 생각을 뜰채에 걸러서, 너만의 중심을 잡아야 한다.
진짜 중심은 알고 있는 것을 네 기준으로 세워나가는 거야.

세상에서 정당하고 강력한 '틸트이펙트'는
'앎이 삶으로 지속적으로 흐르는 맥락'뿐이란다.

'우리는 아래로 짓누르는 압력에 맞서면서도
가뿐해 보이는 모습,
심지어 미려해 보이는 모습을 환영한다.
기둥은 우리 자신이
우리의 짐을 감당하는 방식을 비유로 보여주는 것 같다[13].'

---

13 행복의 건축, 알랭드보통, 청미래, 2023.

지극히 사람다운 아름다움의 비밀

엄마는 참는 것을 잘하는 사람이란다. 참는 것을 즐긴다고도 말할 수 있어. 이력서를 쓴다면 '참지 않는 시대, 누구보다 참는 것에 자신있는 사람', '참는 시간은 고통스럽지만, 그 끝에 찾아오는 꿈에 환호하는 사람'이라고 적을 정도야.

참음은 단순히 마음만으로 되는 것이 아니라 몸도 도와야 해.
화가 많이 나는데도 참아야 했던 적 있지?
심장은 쿵쾅거리고, 손끝이 떨려.
주먹에 힘이 들어가고, 손바닥엔 진땀이 배어.
콧김이 거칠게 나올 때, 이를 꽉 물고 버텨야 해.
'참음'은 바로
감정과 정신이 맞붙는 순간이란다.

엄마가 참고 있을 때, 겉으로는 조용하고 침착해 보였지? 하지만 튀어나오는 감정과 그 감정을 참아버리려는 정신이 속에서 치열한 전투를 벌이고 있는 거란다. 엄마가 좀 지독하기는 하지? 물론 넌 '참는 게 별거야?'라고 웃겠지만, 참는 건 정말 별거야. 굉장히 힘든 일이야.

'참음은 감정을 끌어안고,
행동을 유예시키고,
욕구를 충족시키는 고도의 정신 활동'이거든.

참음은 다양한 모습으로 우리의 삶 속에 스며들어 있어.
지혜를 얻기 위해 새벽에 일어나 책을 펼치는 행동,
보고 싶은 사람을 그리워하며 기다리는 간절한 마음,
격한 감정에 휘둘려 말하거나 행동하지 않도록 선택한 침묵,
밤늦게 혼자 책상 앞에서 흔들리는 미래를 붙잡고 매달리는 집념.
참음은 이런 시간들을 누적시키는 정신의 힘이란다.

그 힘을 가진 사람의
고요한 얼굴,
굳게 다물어진 입술,
잠시 눈을 감고 멈춘 찰나에서
자신만의 강력한 몸짓이 느껴지지.

그래서 엄마는 이런 사람이 참 아름다워.

엄마가 이력서에 '누구보다 참는 것을 잘하는 사람'이라고 썼던 이유도, 참는 모습에서 아름다움이 우러나오기 때문이지. 왜 줄 알아? 물론 '참는다는 것'이 꼭 사람만의 전유물은 아니야. 동물도 눈앞에 먹이를 두고 주인의 신호가 떨어질 때까지 참을 수 있어. 하지만, 주어진 보상이나 훈련에 따른 반응이지. 그런데 인간은 스스로의 감정을 다스리고, 더 큰 의미를 위해 행동을 멈추는 거야. 도덕적이거나 사회적인 참음은 사람만이 할 수 있어.

'참음은 지극히 사람다운 모습이기에 아름답다.'
그러니 아름다운 사람이 되고 싶다면 잘 참아야 해.
참는 힘은 아름다움을 생산하는 근원이라고 말할 수 있어.

그런데 요즘에는 참음의 가치가 점점 사라지는 것 같아. 참지 않아서 참음의 아름다움을 경험할 기회도 줄어들고 있어. 조금만 기다려도 원하는 것을 얻을 수 있고 불편한 감정을 즉시 해결하려고 하니까. 지금은 '참지 않는 시대', '참을 필요가 없는 시대', 그래서 '참지 못하는 시대'가 된 것 같아. 문제는 참지 않음 내지 참아내지 못함이 사회 전반의 풍토로 번졌다는 점이야.

정치, 사회 문제에서 서로 다른 의견을 인내하며 토론하기보다,

몇 줄의 날선 댓글로 공격하거나 관계를 끊는 일이 많아졌어.
기업들은 오랜 시간 제품을 통해 신뢰를 쌓는 대신,
'지금 결제, 오늘 도착'이라는 자극적인 광고로 소비자를 유혹해.
배움의 과정에서도 진지하게 탐구하며 이해를 깊게 쌓는 대신,
짧은 요약 영상이나 시험 대비 족보 문제집으로 빠른 성과만 좇지.
인간관계? SNS에서 선택적으로 편집된 모습만 보여주고 있어.
오해를 풀고 신뢰를 쌓아가는 과정,
그 오랜 기다림과 참음의 시간은 설 자리를 잃고 말았지.

> '일을 하는 사이사이에 책을 펼쳐 들고 성현에게 물으라.
> 지칠 줄 모르는 욕망과
> 득이 없는 것에 연결되는 소망과
> 공포심 등에 쫓겨
> 괴로움을 겪지 않고 조용히 살아가기 위해서는
> 어떻게 하면 좋을지를[1].'

하지만, 지금은 깨달음을 얻기 위해 성현의 책을 뒤적이지 않아.
간단한 검색만으로도 전 세계의 모든 정보를 즉시 알 수 있으니까.
약속한 친구가 어디쯤일까 무작정 기다리던 시절도 있었지만,
지금은 휴대폰 하나면 실시간으로 위치를 확인할 수 있지.
앱을 열어 메뉴를 고르면 음식이 곧장 배달되어 오지?

---

1 쇼펜하우어 인생론, 아르투어쇼펜하우어, 나래북, 2010.

이제 더 이상 배고픔을 참을 이유조차 없는 시대가 되었어.

아침에 눈을 뜨자마자 심심하고 지루하니?

휴대폰을 열어, 알고리즘이 네가 좋아하는 컨텐츠만 골라뒀어.

가장 걱정되는 것은 부모가 참지 못할 때 아이의 건강한 성장에 부정적인 영향을 준다는 점이야. 배움의 속도와 행동의 변화에는 각자의 속도가 있기 마련인데, 부모가 참지 못하고 대신 해주기도 하지. 엄마처럼 참는 것을 잘하는 사람조차도 이건 너무 견디기 힘든 거야. 심지어 부모를 대신해 아이를 가르치려고 하는 수많은 사람, 영상, 기관들도 너무 많아.

이런 **'참음이 실종된 시대'**라면...

힘들다가 뭐야?

지겹다가 뭐야?

왜 책을 읽어야 해?

어쩌면 힘들고, 지겹고, 그리운, 기다리는...

이런 형용사마저도 모두 사라질지도 모르겠다...

네가 엄마에게 꿈에 대해 말해주기 전이었지, 아마.

엄마는 불안한 마음을 이기지 못하고 "이 길이 옳아, 이렇게 해야 빨리 갈 수 있어."라며 성급히 너의 앞길을 정리해 주려고 했었잖아. 한동안은 네가 과학 토론대회에도 나가고, 영어 학원에도 다

녔지만, 곧 너는 이 모든 상황을 뒤집어 버렸어. 온몸으로 'STOP' 이라고 외치고 망설임 없이 하던 것을 중단했어. 그러고 나서 하고 싶은 일의 가장 바닥 단계부터 시작해서, 너만의 속도로 실력을 쌓아가더라. 그때 엄마는 깨달았단다.

부모의 조급함이
아이의 미래를 가로막을 수 있다는 것을 말이야.

네가 꿈을 말해주지 않았다면,
엄마가 시작했던 질주를 멈출 수 있었을까?
만약 더 어렸다면, 그래서 더 오랫동안
엄마의 뜻대로 너를 이끌었다면 어떻게 되었을까?
엄마의 관심과 사랑은 정말 너를 위함이었을까, 혹여 엄마 자신을
위해 네가 힘듦을 참아야 한다고 생각한 건 아닐까?

> '사랑이란 자기 자신이나 타인의 영적 성장을 도울 목적으로
> 자신을 확대시켜 나가려는 의지다. (중략)
> 아이들은 계속해서 자라기 때문에
> 그들이 필요로 하는 요구는 변하기 마련이며,
> 우리는 마땅히 그들과 함께 변하고 자라야 할 의무가 있다[2].'

---

2 아직도 가야 할 길, M.스캇펙, 열음사, 2004.

너의 꿈을 미리 결정해 버리는 대신, 엄마가 먼저 스스로를 성장시켜야 했어. 이제 삶의 원리를 배우고, 아는 것을 실천하면서 기다릴게. 바꿔야 할 것은 나의 미래이며, 참아야 할 것은 나의 조급함이라는 사실을 인정할게.

아이야,
참음의 순간이 왔다는 건, 네 경험치의 끝에 서 있다는 의미야. 그래서, 참음은 단순한 멈춤이 아니라, 한계를 넘어서는 움직임이야. 한계를 넘어선다는 건 가보지 않은 세계로 스스로를 이끌고 있다는 뜻이지. 그곳에는 아직 이름 붙이지 않은 가능성들이 기다리고 있어. 바로 **창조의 세계, 그리고 꿈**이야.

참을 줄 아는 사람은 고통을 견디며 스스로의 한계를 시험해. 그리고 마침내 자신 안의 꿈이 현실이 되는 순간을 경험하지. 바로 **자아실현**이야.

자아실현은, 거창한 이상을 실천하는 것만이 아니야. 위대한 사람들조차 매일 부딪히는 작고 현실적인 욕구들 속에서 자아실현이 이루어진단다. 다만 참음이 묵묵히 제 역할을 하고 있다면 말이야.

마리 퀴리 알지? 그녀는 라듐을 발견하기까지 4년 넘게 실패를 반복했대. 매일 실험실에서 손이 갈라질 정도로 화학물질을 다뤘지만 결과가 나오지 않아 좌절했지. 그래도 그녀는 매일같이 실험을 이어갔어. 결과가 오지 않는다고 멈추지 마라. 기다림은 '발견'의 일부란다. 그 시기는 비자발적 참음이자 성취욕구의 허기 속에서 자신을 다스리는 시간이었지. 그리고 발견 이후에도 그녀는 명성과 권위를 좇지 않았어. 노벨상 수상 후에도 실험실로 돌아가 평범한 연구자로 살았거든. 그건 성취욕구의 과잉을 다스린 자발적 참음이었단다.

참아야 할 것이 있다는 것은 바라는 바가 있다는 것이지?
그러니까 참음은 욕구의 결핍이나 욕구의 과잉, 둘 중 하나야.
결국 참음은 욕구와 긴밀한 관계가 있더구나!

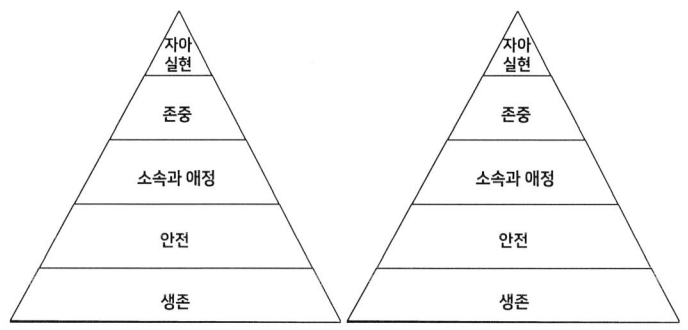

욕구, 참음 5단계

앞 그림의 왼쪽은 너도 아는 인간욕구 5단계[3] 지? 생존의 욕구에서 시작해 안전, 소속과 애정, 존중, 그리고 마침내 자아실현으로 나아가지. 엄마는 네게 참음을 알려주면서 신비로운 비밀 몇 가지를 발견했단다.

우선, 네가 자아실현을 이루려면!
바로 욕구하는 그것을 참으면 되더라!

자, 하나씩 알아볼게.
생존의 욕구는 배고픔과 같이 생존하기 위한 필수적인 욕구야. 그런데 많이 먹어도 안 되고 덜 먹어도 안 되고 먹어야 할 것, 먹어도 될 것만 먹어야 해. 먹을 만큼 먹었으면 그 다음은 **'생존의 욕구를 참아라!'**

안전의 욕구는 우리를 보호하기 위한 본능적인 울타리야. 몸이 다치지 않도록, 마음이 흔들리지 않도록, 내일이 불안하지 않도록 자신을 지키는 힘이지. 하지만 요즘 이 울타리가 너무 높이 쌓이고 있어. 사람들은 위험을 피하려고만 하지, 감당하려 하지 않아. 실패할까 두려워 도전하지 않고, 상처받을까 관계를 깊이 맺지 않지. 그러니 안전을 추구하되, 안전함에 갇히지 말아라, **'안전의 욕구를 참아라!'** 도전이란 오히려 불안전으로 들어가는 거잖아. 위

---

3 동기와 성격, 에이브러헴매슬로우, 연암서가, 2021.

험을 무모하게 좇는 것도 참아야 하지만, 위험을 피하려는 마음 또한 참아야 한단다. 그 긴장 속에서 진짜 성장이 일어나니까.

소속과 애정의 욕구는 때로 생존보다 더 강력한 힘을 가지지. 앞에서 말한 생존과 안전이 개인적, 물리적인 욕구라면 이제부터의 욕구는 사회적, 그리고 정신적인 욕구거든. 그래서 생존보다 더 강한 힘을 지니고 있어. 가령, '나는 괜찮아, 네가 하자는 대로 할게'라며 자신을 내어주는 선택, 신념과 가치를 굽히고 '그들이 원하는 나'를 연기하려는 충동, 불공정함과 폭력, 심지어 학대까지도 감내해야 한다는 무기력한 습관, 사랑을 확인하기 위해 연락하고 집착하며 매달리려는 결핍, 이렇게 사랑받지 못할까 두려워 자신을 잃어버리는 선택만은 반드시 참아야 한단다. 이 모든 것을 참을 수 있을 때 비로소 진짜 애정이 시작된단다. 진정한 소속과 사랑을 얻고 싶다면, 아이야, **'소속과 애정에 무조건적인 수용을 하지 말고 참아라!'**

존중의 욕구는 스스로 존재하는 단단함을 느끼고자 하는 욕구야. 타인의 인정은 언제나 달콤하지만, 그 달콤함에 중독되면 '나는 나로서 존재하는가?'라는 근원적인 질문을 잃게 되지. 진정한 존중은 단순한 사기애가 아니라, 존재감을 의미한단다. 너 자신이 자기(自己)로서 존재하는 근거와 기준을 타인의 인정에 두지 말고, 스스로의 내면에 채워둬야 한단다. 이 욕구에서의 참음은 타인의 시선에 휘둘리지 않는 훈련이야. 그러니, **'존중받고 싶은 욕구를 참아라!'** 그것이 너를 존중하는 길이란다.

마지막으로 자아실현의 단계야. 사람은 누구나 '자기자신'이 될 가능성을 품고 태어난단다. 외부의 인정과 상관없이 내면의 소리를 따르는 사람 말이야. 하지만 자아실현의 길은 고독하고, 더디고, 실패로 가득하지. 그래서 많은 사람들이 중간에 포기하곤 해. 그러나 그 길을 끝까지 걸어가는 사람은 참음의 의미를 완전히 이해한 사람이란다. 자아실현은 참음의 최고이자 완성 단계야. 모든 욕구가 충족되었으니, 참을 필요가 없어진단다. 참을 것이 없으면 감정, 욕구, 타인, 환경으로부터 자유로워지지. 이 단계에서 우리가 얻는 감정은 형언할 수 없는 평온함이야.

그곳에서는 더 이상 '참는 나'가 아니라,
'있는 그대로의 나'로 존재한단다.
그러니, **'참을 것이 없어져!'**

이렇게 참음은 욕구의 각 단계 속에서 그 의미와 영역이 확장, 진화, 승화된단다. 지금까지 엄마가 얘기한 걸 들으니 어떠니? 욕구와 참음의 관계. 너무나 신비롭지?

이렇게 욕구와 참음은 늘 함께 움직인단다. 서로 반대되는 힘이 아니라, 서로를 키워주는 신비로운 짝이야. 그러면서 우리를 온전한 존재로 만들어 준단다. 욕구는 앞에서 이끄는 추진력이고, 참음은 그 속도를 조절해 균형을 잡아주는 조타수야. 그래서 인간은 욕구를 품은 채 그것을 다스릴 줄 아는 참음의 훈련을 통해 자아 실현을 이루게 되지.

앞서 말했듯이 **추구하는 욕구가 곧 참아야 할 대상이란다!**
욕구는 우리를 움직이게 하는 힘이자 동시에 우리가 누르고 다스릴 수 있어야 하는 대상이야. 끝도 없는 욕구는 탐욕이지. 그러니 욕구의 과잉을 참아야만 결국 욕구를 이루게 되는 셈이란다. 신기하지? 욕구의 허기를 메우고자 욕구하고, 욕구의 과잉을 참아야만 욕구가 성취돼. 이것이 진정한 욕구의 성취지.

그리고 **욕구가 상승할 때마다 참는 능력이 길러진다!**
욕구는 언제나 '지금'의 '감정'을 데리고 와서, 바로 행동하라고 우리를 유혹해. 그러나 욕구가 충족되기까지는 반드시 시간이 필요하기 때문에, 그 기다림의 끝에 참는 능력은 길러져. 그러니까 끊임없이 욕구하며 너는 너의 자아실현으로만 초점을 맞춰 나아가렴. 그럼 저절로 참음은 길러지는 거야. 따로 참기 위해 참을 필요가 없잖아. 그서 욕구하면 참는 능력은 저절로 배양되니까 말이야.

가장 신비로운 참음의 마법은,

참는 능력으로 결국 '참지 않아도 되는 삶'이 이뤄진다는 거야.

자아실현의 욕구 단계에 이르게 되면 더 이상 참음이 필요 없어져. 참는 능력이 결국에는, 참을 필요가 없는, 참을 것이 없는, 참지 않아도 되는 그런 삶으로 이끌어 주지. 내면은 이미 자유의 상태에 놓여 있으며, 모든 욕구가 충족되어 형언할 수 없이 깊고 고요한 평온함을 느끼게 돼.

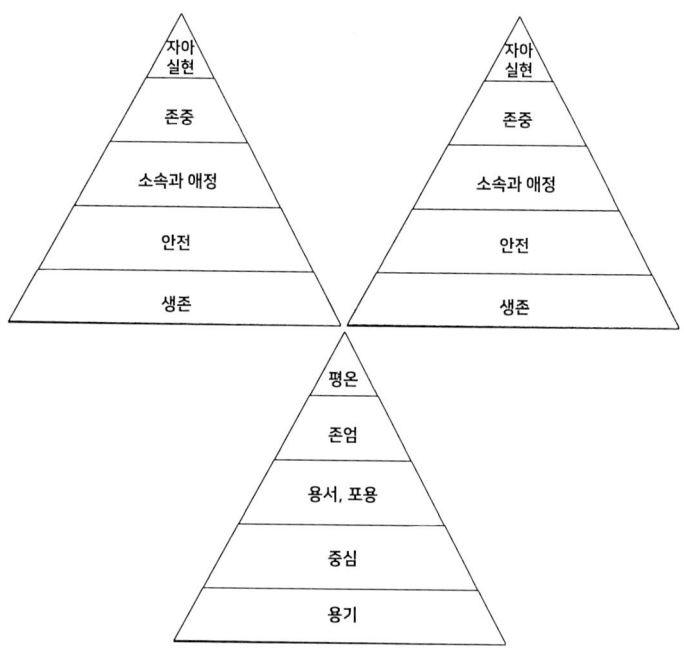

욕구, 참음, 보상 5단계

결국, 욕구와 참음의 성장은 비례해.

참음으로 욕구를 한 단계씩 오를 때마다, 욕구하는 것을 한 단계씩 참을 때마다 네가 얻게 되는 내면의 보상은 무한히 커질거야. 이 보상은 네가 단순히 '받는 존재'가 아니라 '더 깊어진 존재'가 될 수 있게 해준단다.

참음으로 생존의 욕구를 성취하면,
시야를 외부로 돌릴 수 있고 한 걸음 나아갈 용기가 생기지.
참음으로 안전의 욕구를 성취하면,
세상에 대한 믿음이 생기고, 너의 자리에서 중심을 찾게 돼.
참음으로 소속과 애정의 욕구를 성취하면,
소중함의 가치를 알게 되고 용서와 포용의 힘을 지니게 된단다.
참음으로 존중의 욕구를 성취하면,
존재감을 바탕으로 자존감이 세워지고 자신뿐만 아니라 사회 속에서 타인의 존엄도 지켜줄 수가 있어.
참음으로 자아실현의 욕구를 성취하면,
초월적 자유와 형언할 수 없는 평온한 삶을 품게 된단다.

여기까지 올라오는 사람은 많지 않아, 극소수야. 자아실현의 욕구를 이루는 사람은 매우 적지? 소수만이 자신의 길을 묵묵히 걸어가 자신의 꿈을 실현시킨단다. 그리고 그 길의 끝에서 비로소 깨닫게 되지.

참음이란 욕구를 충족시키고 자아실현으로 이끄는 힘이었음을.

아이야,
참는 것 하나만 제대로 해내면,
자아실현은 물론, 더 이상 참을 필요가 없는 삶,
그리고, 지극히 사람다운 아름다움의 주인공이 된단다.

혹시
참아야 할 것이 많니?
그렇다면 네가 여전히 성장의 길 위에 서 있다는 뜻이니 축하한다.
참아야 할 것이 많지 않니?
정말 축하해,
곧 자아실현의 문을 두드려도 좋을 시점에 다다랐다는 뜻이란다!

지금 너의 삶에서 가장 자주 마주하는 '참아야 할 것'이 무엇인지
부터 바라보렴. 그 참음의 대상이 바로 네가 지금 머무르고 있는
'욕구의 단계'란다.

그러니까, **참음은 신호**야.
다음 차원으로 넘어가기 직전,
이것만 참으면 통과할 수 있다는 신호.

혹시 지금 참고 있니?

참는 것이 고통스럽니?

하지만 네가 느끼는 참음은 고통이 아니라,

새로운 세계의 문 앞에 이미 도착했다는 증거란다.

그러니 참아라.

너는 지금,

자아실현으로 가는 가장 중요한 문턱을 밟고 있으니...

대를 물리지 말고, 대를 열어가라!

아이야,

사람은 누구나 혼자 태어나지만, 함께 살아가며 자신을 빚어 간단다. 우리가 서 있는 이 자리에는 보이지 않게 이어져 온 수많은 사람들의 정신적 맥이 있지. 그 흔적 위에서 우리는 배우고, 때로는 벗어나며, 새 길을 만들어 간단다. 엄마가 너에게 전하려는 이야기도 바로 그 길에 관한 거야. '물림'과 '대물림', 우리가 어디서 왔고 어디로 이어질 것인가에 대한 이야기야.

'물림'이란, 말 그대로 무언가를 물려주는 일이지.
한 세대가 품고 살아온 걸 다음 세대에게 넘겨주는 일, 그것이 '대물림'이야. 사람들은 보통 그걸 집, 돈, 땅, 직업같이 보이는 것에만 한정시키는 경향이 있어.

그런데, 대물림은 그것만으로는 설명할 수 없어. 눈에 보이지 않는 것, 살아 있는 정신, 이 모든 것이 대물림이란다. 네가 살아갈 세상은 우리보다 훨씬 불안정하고 예측하기 어려울 거야. 그러나 대물림은 단순히 전해 받는 것의 답습이 아니라 '물림'의 개척이자 새로운 창조여야 한단다. 네가 이어받는 게 뭔지, 그리고 그걸 넘어, 어떻게 새 길을 낼 수 있을지 이제 같이 이야기해 보자.

대물림이 뭐길래,
누구한테는 자랑스러운 뿌리가 되고,
누구한테는 벗어나고 싶은 굴레가 될까?
한 집에서는 특권이 되고,
다른 집에서는 속박이 되잖아.

너희 세대는 이미 귀에 익었을 거야. 아파트, 조부모의 재산, 통장 잔고, 부모 직업. 사람들은 이런 것들로 인생의 출발선을 정해버리지. 그래서 나온 말이 '금수저', '흙수저'잖아. 듣기만 해도 불편한데, 그 무게는 이미 네 어깨 위에 얹어졌을 것 같아. 그런데 아이야. 대물림을 단순히 '물질적 유산'으로만 본다면 너무 얕은 생각이야. 이는 은행 통장에 찍힌 숫자나, 아파트 열쇠처럼 네 손에 착 들어오는 거야.

하지만 엄마가 말하는 대물림은 달라.

긍정적인 말투와 표정 하나, 끝까지 인내하는 자세 하나도 고스란히 물려지지. 심지어 배우려 한 적은 없는데, 어느 순간 부모의 말버릇이 튀어나올 때가 있지 않니? 그건 어느새 네 몸에 배어들고, 마음에 눌러앉고, 결국 네 영혼의 골격을 채우는 골수가 되어 있거든. 이건 변호사를 불러서 증여계약서에 못 남기는 거잖아. 살다 보면 저절로 네 몸과 마음에 스며드는 것이 대를 이어 흐르는 거야. 이렇게 대물림은 빛과 그림자를 함께 품고 있어. 부모가 물려준 온정과 신뢰는 든든한 뿌리가 되지만, 그들의 불안과 분노는 네 발목을 휘감는 덩굴이 되기도 하지.

그래서 **대물림은 그냥 받는 게 아니라,**
반드시 네 방식으로 다시 해석해야 하는 삶의 모의고사야.

심리학자들은 이걸 '**세대 간 전이**'라고 멋지게 불러.
말로 가르친 적 없어도 몸과 감정이 먼저 배워 버리는 일이야. 시험 볼 때마다 엄마의 불안이 네 손끝까지 따라가고. 갑자기 아빠의 버럭 하는 말투가 어느 날 네 입에서 불쑥 튀어나올 때처럼 말이야. 그러니까 마음도 힘이 있어. 사람마다 자기력이 있거든. 따뜻함과 신뢰는 자석처럼 사람을 끌어당기지만, 두려움과 분노는 당장은 밀어내는 것 같아도, 결국엔 스며들어서 너에게까지 이어져. 그래서 대물림은 단순히 '물질적인 이전'이 아니라 '이성의 연장'이기도 해. 세상을 해석하는 방식이 부모에게서 자녀로 이어져 반복될 때, 특권과 상처, 자랑과 수치가 뒤엉켜서 같이 흘러가는 거지. 바로 그 지점에서, 무너뜨릴 수 있고 다시 세울 수도 있는 힘이 숨어 있어.

그럼, 왜 대물림은 이렇게 두 얼굴을 가질까?
그 답은 물질의 차원을 넘어서는 데 있어. 집은 팔 수 있고, 돈은 써버리면 끝나지만, 사람의 태도와 정신은 세대를 건너뛰어서도 끈질기게 살아남거든. 바로 거기서 대물림의 진짜 얼굴이 드러나는 거야. 가다머(H.G.Gadamer)는 전통을 '과거의 박제'가 아니라 현재와 미래 사이에서 열리는 대화의 관점[1]으로 해석했단다. 그는 전통과 현재가 서로 묻고 응답하는 개방적 대화 속에서 이루어진다고 보았지. 바로 그런 의미에서 전통이 사회와 문화를 이어주는 대화라고 한다면, 가정은 그 대화가 일상의 언어로 번역되어서 흐르는 통로라고 할 수 있어.

대물림은 그 대화가 집 안 거실에서부터 일상 구석구석까지 숨 쉬듯 퍼져 가는 일이지. 부모의 말투, 태도, 습관, 정신이 네 안에 들어와서 네가 세상을 볼 때 끼는 안경, 선택할 때 판단하는 저울, 세상을 그려내는 붓, 채색하는 물감이 되지. 결국 한 사람 안의 대물림이 모여 사회와 문화의 질서를 이루는 맥락이 된단다.

---

1 진리와 방법1, 한스게오르크가다머, 문학동네, 2012.

아이야. 중요한 건 뭘 받았느냐가 아니야. 받은 걸 어떻게 해석하고, 어떻게 네 삶 속에서 다시 일구느냐지. 상처도 방치하면 덩굴이 되어 얽히지만, 의미를 다시 만들면 뿌리가 된단다. 특권도 잘 못 쓰면 오만이 되지만, 제대로 쓰면 나눔의 책임이 되지. 결국 네가 선택하는 거야. 그래서 대물림은 무겁지만 동시에 자유롭단다.

숙명처럼 주어진 것 같아도,
네가 어떻게 짊어지느냐에 따라 그것은,
짐짝이 되기도 하고, 발판이 되기도 해.

둘 중 무엇이 될지는 결국 네 뜻에 달려 있어. 네가 이 차이를 제대로 사유해 주길 바란다. 그래야 대물림은 반복되는 운명이 아니라, 새로운 가능성을 창조해 내는 힘으로 거듭날 수 있어.

하지만 아이야, 아무리 새롭게 살아내려 해도, 네가 자라온 흔적들은 남아 있단다. 익숙함은 늘 가장 깊은 곳에서 네 마음을 끌어당기지. 그러니 네가 닮을 수밖에 없어.
자, 이제 그 이유를 하나씩 짚어볼까?

첫째, 가족으로부터의 대물림이야.
우리가 가장 먼저 대물림을 마주하는 곳은 가정이야. 부모의 신념, 생활 습관, 말투, 웃음소리까지 고스란히 닮아. 부모가 굳이 가르치지 않았어도, 너는 어느새 그들의 몸짓과 표정을 따라 하고, 말하고 생각하는 방식, 그것을 표현하는 태도까지 배워 버려. 아무리 '나는 우리 엄마를 안 닮았어'하고 발버둥 쳐도, 어느 날 네 입에서 똑같은 말투가 툭 튀어나올 거야. 그 순간 민망하지? 근데 또 신기하지 않니?

어떤 부모는 힘든 와중에도 웃음을 잃지 않아. 그 웃음이 자식에겐 '힘들어도 긍정적인 태도로 살아보자'라는 메시지가 되지. 또 어떤 부모는 남이 보지 않아도 정직하려 애쓴단다. 바른길을 선택하려는 태도는 자식의 정신 속으로 깊이 새겨져. 부모의 태도와 습관은 네 안에 남아, 다시 너의 자녀에게로 흘러간단다.

둘째, 관계로부터의 대물림이야.
대물림은 혈연 안에만 머물지 않아. 교사와 제자, 선배와 후배, 멘토와 멘티 사이에서도 번져. 교사가 던진 한마디가 책 백 권보다 오래가기도 하고, 선배가 보여준 책임감이 교훈집보다 세게 와 닿기도 하지. 엄마도 중학교 시절 선생님의 말씀을 잊을 수 없어.

"넌 네가 생각하는 것보다 훨씬 잠재력이 큰 아이야." 그땐 대수롭지 않게 흘려들었지민 웬걸, 인생 고비 때마다 그 말이 계속 떠오르더라. 너도 알 거야. 누군가의 한마디가 오래 남아서, 네 삶의 방향을 바꿔버린 순간 말이야.

'그것은 자신의 일상적인 생각과 체험 속에 들어 있죠,
현재의 성공이나 능력은
과거의 경험을 통해 일구어 온 결과이며
그것은 당연히 여러분의 것입니다.
스스로 노력하여 만들어낸 것입니다.
친지, 친구, 지인, 동업자들을 살펴보면
자신이 어떤 종류의 사람인지 알 수 있습니다.
유유상종의 법칙에 따라 스스로
그들을 자신에게 끌어들였기 때문이죠[2].'

사람은 결국 자신이 머무는 환경을 닮아 가. 함께 어울리는 사람들의 언어와 표정, 욕구의 결까지 말이야. 1년 동안 네가 곁에 둔 사람들을 떠올려 봐. 그들이 네 삶에 얼마나 많은 색을 묻혀놓았는지 금세 알게 될 거야. 관계는 언제나 작은 대물림의 통로이지. 앞서간 이가 건넨 태도는 곧 네 안에서 습관이 되고, 네가 흘려보낸 시선은 또 다른 누군가의 길 위에 남지. 그렇게 대물림은 사람과 사람 사이에서도 이어지는 거야.

셋째, 사회와 문화로부터의 대물림이야.
아이야, 이제 좀 더 시야를 확대해 보자. 우리가 지금 당연하다는 듯 누리는 인권, 민주주의, 법, 사회제도 같은 건 하늘에서 뚝 떨

---

2 I 존재하는 모든 것은 사라지지 않는다, 제인로버츠, 터닝페이지, 2025.

어진 게 아니야. 너랑 내가 땀 한 방울 안 흘렸는데도 어느새 기본 값으로 작동하는 질서들이 있지.

생각해 봐.
지하철은 정시에 도착하고
택배는 내 집 문 앞까지 찾아오고
도서관에 가면 언제든 책을 빌릴 수 있고
새벽에도 편의점 불빛은 환하게 켜져 있고
선거 날이면 누구나 줄 서서 투표할 수 있고
응급상황엔 병원 응급실 문이 활짝 열려 있어.

이 모든 건 결코 '당연한 일'이 아니란다. 앞선 세대가 싸우고, 법을 만들고, 제도를 다듬고, 수없이 희생하며 조금씩 쌓아 올린 흔적이지. 우리의 일상이 사실은 그들이 남긴 구조 위에 서 있는 셈이야.

문화도 마찬가지야.
네가 쓰는 언어, 흥얼대는 노래, 책장에서 꺼내 읽는 문학책, 저녁 밥상 위에 올라오는 김치까지, 모두 세대를 넘어 이어진 정신의 결실이지. '김치 없이는 못 살아' 하는 농담이 그냥 웃자고 하는 말 같아도 사실은 몸에 새겨진 생활의 기억, 세대를 잇는 집요한 정체성이야. 겉으론 사소해 보여도, 이런 게 세대를 붙잡아 주는 숨은 끈이 되어 결국 한 사회의 기억과 정신을 통째로 떠받치는 뿌리가 된단다.

넷째, 국가와 민족으로부터의 대물림이야.

아이야, 이번엔 시야를 훨씬 멀리, 역사의 깊이와 민족의 넓이까지 끌어올려 보자. 네가 한국어를 사용하고, 태극기를 알고, 한글을 배우는 것. 이건 단순한 생활 습관이나 취향이 아니야. 민족의 생존을 걸고 지켜낸 정신의 언어지. 일제강점기에도 앞선 세대는 목숨 걸고 한글 교재를 만들었고, 전쟁 폐허 속에서도 학교 문을 열어 다음 세대에게 언어와 역사를 이어주었단다. 글과 노래, 그림과 춤은 그저 취미 생활이 아니었어. 그건 '우리는 아직 살아 있다'라는 무형(無形)의 선언이었지.

생각해 보렴.

넌 한 집안의 자녀일 뿐만 아니라, 동시에 한 나라와 한 민족의 계승자로 태어난 거야. 이건 네가 원하든 원하지 않든 이미 네 안에 각인된 운명이자, 앞으로 네가 감당해야 할 더 큰 과제이기도 하단다. 국가는 멀찍이 있는 추상적인 제도가 아니야. 민족이 구체적으로 살아낸 시간이 켜켜이 압착된 신념의 지층이야. 그 지층 속 광맥처럼, 언어와 문화가 네 안으로 흘러와 맺히지. 집에서 배운 말투와 습관이 너를 빚어내듯, 민족이 지켜온 언어와 문화가 네 신념의 근원이 되는 거야.

그러니 아이야.

대물림은 한 가정의 일로 끝나지 않고, 곧 역사와 문명의 맥락을 이어가는 힘이 된단다. 너의 한마디가 언어를 살리고, 너의 선택이 역사를 이어가고, 너의 무관심이 또 다른 단절을 만들기도 한단다.

이렇게 생각해 보자.
'나는 집안 족보에만 찍히는 존재가 아니라,
역사의 이어달리기에서 지금 막 바통을 받은 주자야!'
이러한 '자각'이 있을 때 너는 단순히 이어받는 존재가 아니라 역사의 트랙 위를 새 속도로 질주하는 주체로 달리게 되는 거야. 그래서 대물림은 무겁지만 동시에 자유롭단다.

숙명처럼 주어진 것 같아도, 네가 어떻게 짊어지느냐에 따라
그것은 짐짝이 되기도 하고, 발판이 되기도 하고
같은 무게라도, 그 짐을 어디에 두느냐에 따라 의미가 달라지지.
어깨 위에 올리면 짐짝이 되고, 발밑에 깔면 발판이 된단다.

아이야, 대물림은 얼굴이 두 개란다.
그러니 물어보자.
너는 그 짐을 그대로 짊어진 채,
한 발짝도 벗어나지 못한 채 살아가고 싶니?

아니면 그 짐을 해체해서,
네 발밑에 새 길을 놓을 발판으로 바꾸고 싶니?

인생은 결국 네가 어떤 태도로 응답하느냐에 따라 완전히 달라진다. 부모가 흘려보낸 말투와 기질, 집안의 버릇과 생활양식, 사회 곳곳에 배어 있는 불안과 제도, 역사가 남겨 놓은 상처와 특권까지 다 네 조건일 뿐이야.

조건은 자동으로 주어지지만,
결론은 네 손으로 직접 써야 한단다.

짐짝을 발판으로 바꾸는 공사는, 다른 누구도 아닌 네 몫이야. 솔직히 과거에서 오는 것들 중 별로인 게 많아. 불필요한 불안, 끝없는 비교와 경쟁, 그리고 괜히 권위만 앞세우는 태도들 말이야. 그런 건 그냥 얹혀두지 말고, 뜯어내서 새 판에 깔아라. 그 순간, 짐짝은 네 점프대를 바꿔치기한 디딤돌이자 발판이 된단다.

근데 그걸 어떻게 바꾸냐고?
좋아. 몇 가지 작은 요령을 알려줄게.

첫째, 습관부터 갈아타 보자.
아침에 눈 뜨자마자 무심코 휴대전화 켜는 습관 있지? 그건 아침의 첫 생각을 세상에게 바로 내어주는 거야. 근데 생각해 봐. 네 하루의 주인공은 네 손바닥 안의 뉴스도 아니고, SNS 속 남의 이야기도 아니잖아. 그런 습관은 하루를 시작하기도 전에 네 마음을 옆길로 끌고 가는 잔돌 같은 거야. 그러니 잔돌을 쥐고 하루를 시작할 필요가 없지. 대신 네 목소리로 하루를 여는 작은 루틴을 만들어 봐. 책 한 줄, 일기 한 줄이면 된단다. 그게 네 삶을 다시 너에게로 돌려놓는 첫 발판이 될거야.

둘째, 꿈은 머릿속에만 박아 두지 말고, 실험대 위로 올려보렴.
아이야, 씨앗은 마음 밭에 있을 땐 아직 멈춰 있는 허상일 뿐이야. 흙을 만나고, 바람을 맞고, 햇빛을 받아야 비로소 생명이 된단다. 영상 하나를 찍어 보든, 글 몇 줄 끄적이든, 작게라도 세상에 던져 봐라. 네 안에서만 머물던 꿈이 너를 뚫고서 밖으로 나오는 순간, 그때야 꿈이 자라기 시작한단다. 실패? 괜찮아. 씨앗이 싹을 틔우려면 먼저 흙 속에서 썩어야 하듯, 실패는 네 꿈이 자라기 위해 겪는 자연스러운 과정이야. 그 어둠을 지나야 비로소 빛을 향해 올라갈 수 있단다.

셋째, 몰입하는 순간을 잡아보자.
공부든, 음악이든, 운동이든, 글쓰기든 무언가에 완전히 빠져드는 순간, 너의 짐짝은 시야에서 증발한다. 몰입은 단순히 집중하는 게 아니야. 네 존재가 세계와 하나 되는 경험이란다. 마치 맨발로 흙을 밟을 때 흙이 네 발바닥을 밀어 올리는 것처럼, 몰입은 세상이 너를 밀어주고 네가 세상에 닿는 순간이야.

넷째, 연대를 배워보자.

혼자서는 짐짝이 너무 묵직하겠지. 그러나 둘, 셋이 나누면 그 짐은 거뜬해지지. 서로의 어깨를 빌려 설 때, 무게는 줄고 시야는 넓어진단다. 네가 흔들릴 때 손을 내밀어주는 사람, 네 꿈을 함께 믿어주는 사람이 곁에 있다면 그 존재만으로도 길은 덜 외롭고, 더 단단해질 수 있어. 연대란 단순히 함께 걷는 게 아니라, 서로의 걸음을 이어주며 새로운 길을 만들어 가는 일이야. 세상은 혼자 앞서 달리는 이가 아니라, 함께 길을 넓히는 사람들에게 방향을 내어준단다. 그래서 너의 꿈을 믿어주는 사람들, 같은 방향으로 걷는 이들과 함께 할 때 네 짐은 가벼워지고, 네 발걸음은 더 씩씩하게 멀리 나아갈 수 있어. 그러나 잊지 말아라. 연대는 누군가의 손을 붙잡는 데서만 시작되지 않아. 너 스스로 믿음 위에 설 때만, 진짜 만남이 가능해져.

결국 중요한 건 '자기 확신'이란다. 누구 아들, 딸 타이틀 말고 너는 너의 존재로 서야 한단다. 네 생각을 열고, 네 목소리로 말하며, 온전한 존재인 **너.자.신.** 으로 살아라.

과거의 관습에 끌려가지 마라.

과거의 조건 따위에 갇히지 마라.
걸림돌 같은 경험을 짊어지지 마라.
조건은 물려받지만, 결론은 네가 쓰는 거야.

네 분노는 대화로,
네 상처는 통찰로,
네 고통은 언어로,
네 경험은 지혜로,
네 불안은 집중으로,
네 시간은 의미로 바꿔보렴.

그때 비로소,
너는 짐에 메인 존재가 아니라 문제를 푸는 주체가 된단다.

아이야,
'이해가 기존지식에 준한 사고라면, 해석은 새로운 지식을 빚어내는 창조와도 같아[3].' 과거를 이해하고, 미래의 시선을 새롭게 세우는 것. 그것이 바로 **해.석.의.힘.** 이란다. 과거를 해석하지 않으면 대물림은 그냥 복사본이 된단다. 그리고 그 복사는 곧 '무(無)지(知)'로 이어져. 내물림을 '창조'로 바꾸는 열쇠는 단 하나, 바로 '해석'이야. 해석을 놓쳐 버리면 삶은 남이 설계한 과제를 이루는

---

3 짧은 깊이, 김주원, 브런치, 2025. https://brunch.co.kr/@fd2810bf17474ff/1644

삶이 되고, 결국 스스로 생각하지 않는 무지로 흘러가 버린단다.

해석은 단순한 분석이 아니야.

해석이란 과거의 경험과 상처, 세대가 물려준 습관과 제도까지 새롭게 의미를 부여하는 창조적 행위야. 엄마 역시 네가 떠난 상처를 해석하지 않았다면, 그 아픔은 엄마를 끝내 붙잡아두는 굴레였을 거야. 그러나 그 고통을 통해, 더 이상 아이를 갖지 못한 평범한 어른으로서 엄마의 삶이 어떤 의미를 이어가야 하는지 다시 보게 되었단다. 누군가의 엄마는 되지 못했지만, 이렇게 말과 글로 작은 불빛 하나라도 너에게 전해 줄 수 있다는 사실이 참 감사하단다. 중요한 건, 겪은 일을 그냥 덮어두지 않는 거야. '세상은 원래 그런 거야'하고 말하는 순간, 생각은 멈추고 삶은 길을 잃어. 그건 무지의 또 다른 표정이야.

예를 들어볼까?

부모 세대가 남긴 '불안'이라는 습관이 네 안에 들어왔다고 해 보자. 별일 아닌데도 주눅 들고, 쉽게 물러서는 모습으로 나타나겠지. 하지만 그 불안을 '내가 더 준비하라는 경계심'으로 해석하면 얘기가 달라져. 그 순간 불안은 잿더미가 아니라 네 안의 불을 지피는 연료가 된단다. 너를 주저앉히던 감정이, 이제는 너를 움직이는 힘으로 바뀌는 거야.

사회제도도 마찬가지야.

기성세대는 안정된 직장을 인생의 종착역처럼 여겼지. 하지만 너희 세대는 같은 제도를 다양한 길을 실험할 수 있는 최소한의 안전망으로 해석할 수 있어. 같은 조건, 같은 제도인데 해석이 다르면 방향도 완전히 달라진단다.

그러니 무지는 단순히 모르는 게 아니야. 진짜 무지는 묻지도 않고, 보고도 새 의미를 만들지 않는 습성에서 비롯돼. 알면서도 다시 보지 않는 것, 그게 바로 '무지'야. 무지를 해석하지 않고 두면, 부모의 불안, 사회의 억압, 역사의 상처가 고스란히 반복된단다. 그건 새로운 창조가 아니라 과거의 복사일 뿐이야. **대물림은 새로운 창조가 될 수 있단다.**

> '불경한 짓은 자기 뒤에 그 종족을 닮은
> 더 많은 자식들을 낳지만,
> 정의를 지키는 집안에는 언제나 훌륭한 자식이 태어남이라[4].'

'무지가 죄다'라는 말은 단순한 도덕적 비난이 아니란다. 그건 네 삶을 되풀이의 고리 속에 가두는 가장 깊은 속박이기 때문이야. 그러니 무지에 눌려 있지 마라. 이해하고, 묻고, 배우고, 해석해라.

---

4 오이디푸스왕/안티고네. 소포클레스/아이스퀼로스, 문예출판사, 2010.

대물림은

무지의 지성으로 읽히면 족쇄가 되고,

성찰 없는 자각으로 해석되면 자만이 되지.

해석 없는 깨달음은 늘 과거의 재방송일 뿐이란다.

아이야, 해석의 출발점은 남이 아니라 너 자신이야. 네 안의 신뢰가 흔들리면 어떤 해석도 세워지지 않지. 그래서 스스로를 믿는 힘, '자기 신뢰'야말로 모든 해석의 근원이 된단다.

> *'자신을 신뢰하라.*
>
> *그 안에 위대한 영혼이 깃들어 있다[5].'*

'자기 신뢰(Self-Reliance)'란 남이 해석해 준 세계에 기댈 필요 없다는 뜻이야. 부모의 해석, 사회의 해석을 그대로 따라가지 말고 네 언어, 네 사유, 네 경험으로 다시 해석하라는 거야. '이해'가 과거를 인식하는 시선이라면, '해석'은 미래를 다시 그리는 시선이야. 그것이 바로 무지를 멈추는 첫걸음이지. '안 된다!'라는 말은 언제나 금지나 사회 규율을 뜻하진 않아. 세상을 지키기 위한 경계일 수도 있지만, 어떤 건 부모 세대가 살아남기 위해 몸에 밴 불안의 언어일 수도 있어. 중요한 건 그 말을 그대로 믿는 게 아니라, 스스로 그 의미를 가려내는 일이야. 닫힌 말처럼 보여도, 네 해

---

5 자기신뢰 철학/영웅이란 무엇인가, 랄프왈도에머슨, 동서문화사, 2020.

석에 따라 언제든 가능성이 될 수 있단다. 네가 매일 듣는 부정적인 언어 속에는 세대가 남긴 두려움과 습관이 켜켜이 묻어 있지. 그 언어를 어떻게 해석하느냐에 따라 삶의 문이 닫히기도 하고 열리기도 해. 언어를 해석한다는 건 곧 현실을 해석하는 것이니까.

몸도 마찬가지야.

몸을 성취의 도구로만 해석하면, 더 큰 성과를 내야 한다는 불안 때문에 금세 지쳐 버리게 돼. 숨도 고르기도 전에 주저앉고 말지. 하지만 **몸을 존재 그 자체로 해석해 봐!** 짧은 시간의 스트레칭이나 물 한 잔, 느긋한 산책 같이 사소한 루틴이 오히려 삶을 단단히 지탱해 주는 균형의 질료가 된단다. 네가 네 몸을 존중할 때, 타인의 몸도 존중할 수 있어. 그리고 그 존중이 관계를 건강하게 하는 바탕이 되지.

관계도 그렇단다.

기성세대는 성공을 '남보다 많이 소유하고, 더 안전하게 사는 것'으로 이해하는 경우가 많았어. 그래서 관계도 종종 비교와 체면의 장(場) 속에서 얽히곤 했지. 하지만 너는 다르게 해석할 수 있어. 성공을 '무엇을 얼마나 가졌는가?'가 아니라 '무엇을 누구와 나눴는가?'로 바꿔보는 거야. 그 순간 관계는 경쟁의 경기장이 아니라, 서로를 북돋는 동행의 길이 되지. 체면을 지키느라 어깨 힘만 들어간 관계가 아니라, 함께 웃고 울며 가능성을 키워주는 관계 말이야.

이 외에도 네가 살아가는 이 땅에서 '시간'과 '공간'은 그냥 배경이 아니란다. 우리가 숨 쉬는 일상 곳곳엔 사회가 오랜 세월 쌓아온 제도와 습관이 배어 있어. 대한민국의 교육제도는 시간을 치밀하게 나누어 효율을 높이려 했지만, 그 과정에서 경쟁이 너무 촘촘해져서, 숨 돌릴 틈조차 없어졌어. 수능을 위한 시간은 너의 시간이라기보다, 이미 정해진 과제를 따라가는 시간이 되었지. 좁은 국토와 부동산 구조는 공간을 단순한 집터가 아니라, 서로의 삶을 가늠하는 기준으로 만들었고, 안정된 직장은 오랫동안 미래를 지켜주는 울타리였지만, 이제는 그 울타리가 때로는 너무 단단해져서, 바깥을 볼 틈을 가리기도 하더라.

하지만 아이야, 이 모든 건 네 잘못이 아니야. 그냥 네 앞에 놓인 조건일 뿐이야. 관습과 제도, 상처와 불안은 모두 네가 물려받은 세상의 틀이자, 네가 새롭게 해석해야 할 환경이야.

굴레를 없애려 하지 말고, 그 굴레를 다시 읽고 활용해라.
오히려 그 굴레 덕에 너는 단순히 이어받는 존재가 아니라
한계를 딛고 스스로 길을 여는 개척자가 되는 거야.
자신을 믿는다는 건,
굴레가 없는 상태를 말하는 게 아니야.

굴레를 활용하고 통과해서 자신만의 길을 내는 힘이지.
굴레가 있기에 너는 역사를 건너고,
그 위에서 너만의 역사를 새로 쓸 수 있는 거야.

아이야,
혹시 올더스 헉슬리의 디스토피아 소설 '멋진 신세계[6]'를 들어본 적 있니? 그 세계에선 아이가 엄마 뱃속에서 태어나지 않아. 유리병 속에서 염색체를 가위질해서 잘라 붙이고, 시험관 속에서 영양액을 조절해서, 등급까지 매겨 태어나지. 마치 기계가 사람을 찍어내는 공장 같아.

이 장면을 한 번 그려보자. 유리병에서 '너'가 줄줄이 태어나. 교실마다 같은 얼굴이 앉아 있고, 지하철에서도 똑같이 졸고, 편의점 삼각김밥 진열대 앞에도 전부 네가 서 있는 거야. 심지어 SNS 프로필에도 전부 네 얼굴이라면 어떨까? 생각만 해도 웃기면서도, 한편으론 좀 소름 돋지 않니?

네게 진짜 묻고 싶은 질문이 있어.
네가 복제된다면,
사람들은 너의 말투에서 어떤 온도를 느낄까?

---

6 멋진 신세계 : 올더스 헉슬리가 1932년에 발표한 이 작품은 과학이 최고도로 발달해 사회의 모든 면을 관리, 지배하고 인간의 출생과 자유까지 통제하는 미래 문명 세계를 가장 깊이 있고 날카롭게 파헤친 작품 중 하나로, 암울한 미래를 그린 현대 고전으로 평가받고 있다. (올더스헉슬리, 문예출판사, 2024.)

네 하루가 그대로 복사되어 세상에 퍼진다면,
그 세상은 조금 더 따뜻해질까, 아니면 더 메말라갈까?
그리고 네가 지금 짓는 표정, 네가 택한 태도들이 또 다른 누군가
의 기준이 된다면, 괜찮겠니?

사실, 대물림도 '복제'와 별반 다르지 않아. 대물림은 그냥 자동 복
제 버튼이 아니거든. 무엇을 지키고, 무엇을 잘라내야 할지 스스
로 선택하는 과정이지. 네 삶을 '어제의 복제'로 남기지 말고, '오
늘의 업데이트 버전'으로 내놓아야 한다는 말이야.

여기서 상상 하나만 더 해 보자. 생명공학에 잘못된 유전자를 잘
라내고 필요한 조각을 붙이는 **'효소 가위'**가 있듯이 네 앞에 **'복제
가위'**가 놓여 있다고 치자. 이 가위는 네 삶의 조건을 자르고 붙이
는 **'교정의 가위'**야. 그리고 이 가위는, 결국 네 손에서 삶을 새롭
게 짜맞추는 **'해석의 가위'**로 진화한단다.

지금부터 너는 두 가지를 해야 해.
첫째, 복제할 것을 고른다.
둘째, 잘라낼 것을 고른다.

네가 이어갈 맥은 무엇이고,
끊어낼 맥은 무엇인지 판단해 보렴.

복제할 것은 네 삶을 단단하게 세워 줄 것들이어야 해.
남의 아픔 앞에서 서둘러 동정하지 않고,
진심에서 흘러나온 한마디로 함께 일어나는 마음,
결과가 어긋나도 부끄러워하지 않으며,
의도에 진실이 있다면 이미 완결된 결실로 믿는 태도,
끝까지 버틴 인내를 타인의 시선이 아닌
자신의 양심으로 증명하려는 자세.
남의 성공 앞에서 네 영혼이 시기 대신 찬미를 택할 수 있다면 이런 덕성들은 복제되어 퍼져도 해롭지 않아. 오히려 너의 삶을 더 깊은 중심으로 뿌리내리게 하겠지.

반대로 잘라낼 것은 네 발목을 붙드는 것들이어야 해.
작은 실패에 자신을 꾸짖는 마음,
남과의 비교로만 존재를 잴 줄 아는 버릇,
타인의 시선 속에서만 자신의 형상을 찾으려는 어리석음,
그리고 완벽이라는 허상을 좇다 자신을 잃어버리는 강박 말이야.
이런 악성들은 너의 영혼을 갉아먹는 잡음이어서 가위로 과감히 잘라내야 해. 잘라낼수록 너는 해방을 얻고, 너의 원본으로 살게 되겠지.

아이야,
이 가위는 이미 네 손에 쥐어져 있단다.

대물림이라는 유전처럼 주어진 조건을 수정할 수 있는 건 오직 '해석'뿐이야. 너는 물려받은 삶의 염색체 위에서, 어떤 신념을 남기고 어떤 두려움을 잘라낼지 스스로 결정해야 해. 남이 설계한 유전자가 아니라, 네가 해석해서 새로 편집한 '삶의 역사'를 만들어갈 수 있어. 조건은 물려받지만, 그 조건을 어떻게 잇고 잘라서 어떤 유전자를 남길지는 온전히 네 몫이야. 너의 해석이 바로, 삶의 진화를 결정하는 **'효소 가위'**란다. 그 가위질이 모여, 네 삶을 복제본이 아닌 창조로 바꿔 놓을 거야.

> '인간은 기울어진 버드나무가 아니라
> 스스로 설 수 있으며 또 그래야만 한다.
> 인간은 신의 말이 육체로 나타난 것이며,
> 인류의 향상을 위해 태어났다.
> 인간은 남에게 동정받는 것을 부끄러워해야 한다.
> 법과 책과 우상 숭배와 관습을 창문 밖으로 내던지고
> 스스로 우러나서 행하라!
> 그러면 우리는 더 이상 당신을 가여워하지 않고
> 당신에게 감사하며 당신을 우러러보게 되리라[7].'

인간은 기울어진 버드나무가 아니야.
너는 남의 기대에 매달려 기울어질 존재가 아니라 스스로 설 수

---

7 자기신뢰 철학/영웅이란 무엇인가, 랄프왈도에머슨, 동서문화사, 2020.

있는 주체란다. 스스로 선다는 건, 부모가 해석한 세계에 그냥 순응하지 않는 것, 사회가 깔아놓은 트랙을 무 비판적으로 따라가지 않는 것. 네가 서야 할 자리는 부모가 마련해 준 자리도, 제도가 허락한 울타리도 아니야. 오직 네 해석과 선택이 만든 자리, 거기가 네 자리란다.

너는 단지 태어난 존재가 아니라, 스스로 의미를 만들어내기 위해 부름을 받은 존재야. 네 존재는 하나의 말이고, 그 말로 세상과 끊임없이 대화하며 자신을 증명해 가거라.

사랑을 말했다면 그 사랑으로 존재해라.
정직을 말했다면 그 정직으로 존재해라.
존재는 말과 행동이 합쳐질 때 비로소 온전해진단다.

그 합일로 너는 단순한 생명이 아니라 하나의 존재가 되는 것이야. 말과 행동이 분리될 때 인간은 공허한 존재로 전락하지만, 말과 행동이 합쳐질 때 인간은 '존재 그 자체'가 된단다. 에머슨이 말한 '신의 말이 육체로 나타난다[8].'는 것은 바로 이 일치를 뜻하는 것이야. 인간은 의미를 육화(肉化)할 수 있는 유일한 존재이기에, 그 책임 또한 누구도 대신해 줄 수 없단다. 인간은 세상의 더 나은 가능성을 열기 위해 태어나는 것인지도 몰라. 과거 세대가 민주주의

---

8 자기신뢰 철학/영웅이란 무엇인가, 랄프월도에머슨, 동서문화사, 2020.

와 인권을 지키기 위해 싸웠듯이, 너는 또 다른 향상의 과제를 짊어지고 있단다. 환경을 지키는 일, 기술을 인간답게 쓰는 일, 서로 다른 존재를 배제하지 않고 함께 살아가는 길. 이 모두가 네 삶에 요청된 과제야. '스스로 우러나서 행하라'는 말은 남이 만들어 준 삶을 그대로 따르지 말라는 뜻이야. 그야말로 너만의 길을 새롭게 열어가라는 거야.

아이야,
남이 만든 길만 따라가는 사람이 많아. 사회와 문화가 그러한 대물림을 만들어냈지. 물론, 그 길이 편할 수 있어도, 결국 종속된 삶이지 않니? 왜냐하면 거기엔 자기 생각이 비집고 들어갈 틈이 없어. 스스로 뜻을 새기고 자기만의 길을 낸 사람은 더 이상 '어쩔 수 없어'라는 말에 갇히지 않아. 왜냐하면 그는 과거의 복사본이 아니라, 미래를 창조하는 개척자가 되었기 때문이야. 어쩔 수 없어도 '어쩔 수 없는' 선택을 하지 않기 때문이라구. 그런 사람이 개척자야.

그 차이를 만드는 힘이 바로 **자.기.확.신.** 이란다.

사람들 입에 참 자주 오르는 말이 있지.
'상황이 나아지면, 시간이 지나면, 언젠가는.'
근데 말이야, 그 '언젠가'는 대체 언제 오니?

살아있는 대(代)를 여는 일은 먼 훗날의 이벤트가 아니라
바로 지금, 네 발밑에서 시작되는 거야.

오늘의 네 습관, 한마디 말,

하나의 선택이 씨앗처럼 툭 던져져서

내일의 대, 모레의 대를 자라게 만든단다.

'언젠가'라는 단어 뒤에 숨지 마라.

'누군가'라는 이름표에 미루지도 마라.

대는 지금, 네 입에서, 네 발걸음에서, 네 손끝에서

벌써 새로 쓰이고 있단다.

네가 쓴 결론이 곧 살아있는 대의 시작이란다.

아이야.

네가 짊어진 짐이 얼마나 무거운지 엄마는 알아. 가정이 물려준 정서, 사회가 남긴 제도, 역사가 새겨둔 상처와 특권이 이미 너의 출발점이 되어 있다는 것도 알아.

하지만, 출발점이 종착지가 될 필요는 없어. 너는 주어진 길을 걷는 존재가 아니라, 길 그 자체를 새로 그리는 존재란다. 너는 그 길 위에서 단단히 서거라. 그러면서도 더 큰 힘에 기대기를 바란다. 너를 붙잡아 주는 뿌리, 너를 끌어올리는 하늘, 우리가 '신(神)'이라고 부르는 그 깊은 믿음의 힘 말이야. 그 힘이 네 곁에 있으면 너는 흔들려도 무너지지 않고, 넘어져도 다시 일어나며, 마침내 대를 단순히 이어가는 존재가 아니라 대를 새로 열어가는 존재로 서게 될 것이야.

아이야,
꿈은 저 멀리 있는 게 아니야.
작은 결단과 실천 속에서 너의 몰입과 연대 속에서 이미 네 앞에 와 있단다. 엄마는 네가 짐을 복사해 나르는 사람이 아니라, 가능성을 새로 빚어내는 창조자가 되기를 바란다. 네 삶이 네 자녀에게, 그리고 그다음 세대에게 가장 빛나는 유산으로 남기를 진심으로 기도하고 바랄게.

우산은 챙겼니?

일, 직업, 돈, 친구…

요즘 세상은 끊임없이 우리에게 '관심'을 요구해. AI와 디지털 기술, 투자와 재테크, 취업, 스펙, 자기 계발, 여행, 맛집, 취향, 정신 건강, 외모, 패션, 음악, 미술, 사회적 이슈까지. 만능과 멀티를 강조하며, 모든 걸 알고, 챙기고, 잘해야 한다고 하지. 사회에서도, 학교에서도, 가정에서도 쉼 없이 다그치기만 해.

하지만 정말 모든 것에 관심을 가져야만 할까?
관심이 없으면 무지한 걸까?
인생에서 뒤처지고 낙오되는 걸까?
어쩌면 지금 같은 정보과잉의 시대에는
무엇에 관심을 끊을지가 더 중요하지 않을까?

그렇다면, 우리, '**무관심**'에 관심을 두면 어떨까?

2025년 3월, 경북에서 시작된 산불이 한 달 넘게 전국으로 번졌던 거 기억나니? 산림은 물론, 동물과 인명피해까지 온 나라가 걱정에 휩싸였었어. 화재 현장에 다녀온 자원봉사자가 소방관과 직접 나눈 대화 내용을 들려주었어. '무섭지 않다면 거짓말이지만, 공포에 마음을 두면 사람을 구할 수 없다고, 공포에 무관심해져야 몸이 본능적으로 움직인다'고...

얼마나 겁이 났을까?
장비가 고장 날지도 모른다는 불안
아무도 구하지 못하면 어쩌나 하는 불신
화염 속에서 목숨을 잃을지도 모른다는 두려움
불길, 폭발, 붕괴 예측할 수 없는 위험 앞의 무력감
내 실수가 동료의 생명까지 앗아갈 수 있다는 압박감
기다리는 가족을 다시 보지 못할지도 모른다는 절망감

이 모든 감정들을 뒤로 하고, 그는 불길 속으로 거침없이 뛰어들었어. 두려움에 휩싸이지 않고, 이성의 판단을 내려놓았어. 불안과 불신, 무력감이 밀려와도 의식조차 하지 못한 채, 그 모든 감정에 '무관심'해진 몸이 본능처럼 움직였어. 압박감이 숨통을 조여오고, 절망감이 흔들어도 오직 지금 눈앞에 닥친 일에만 몰두했지. 대단한 사명이고, 투철한 신념이지.

얼마나 고통스러웠겠니? 그런데,
이 모든 공포에도 불구하고 화염 속으로 몸을 내던질 수 있었던 건
무관심의 선택지가 전제되었기 때문이란다.

무관심.
'의식조차 하지 못한 무관심'이 전제되어 있었어.
이렇게 무관심은
마땅히 해야 할 일을 가능하게 하는 내면의 힘이란다.

이에 비할 바는 아니지만 엄마도 무관심의 힘을 체험했던 순간이
있었어. 통증 지수 10점 중 9점. 산통은 몸의 모든 뼈를 부러뜨린
채 100m를 전력 질주하는 느낌이래. "정신 똑바로 차리세요! 호
흡하세요!" 의사의 목소리는 아득히 들리는데 숨도 못 쉬겠고, 정
말 죽을 만큼 아팠어. 그런데 순간, 이런 생각이 스쳤어. '이 아픔
은 피할 수 없잖아. 아프고 나야, 아가를 만날 수 있잖아.' 순간의
깨달음 하나로 통증에 무관심해졌어. 의사의 말에 집중했고, 정신
을 붙잡았지. 그래서였을까? 너는 단 30분 만에 세상에 나왔단다.

"우리 아가 손가락 발가락 다 있지요?" 뼈가 벌어지고, 몸이 찢어
지는 산통 끝에 나온 첫마디였어. 엄마의 관심은 오직 '너의 안녕'

뿐이었고 '산통'에는 철저히 무관심했단다. 겁많은 엄마가 강해질 수 있었던 이유는 단 하나, 다가올 기쁨이 진통을 무감각하게 만들었기 때문이야.

무관심의 본질은 예정된 기쁨에 집중된 강인한 힘이란다.

지난여름, 역대급 더위 속에서 에어컨 바람을 견디지 못해 너도 감기에 걸렸고, 엄마도 고열과 근육통으로 며칠을 고생했지. 그때 새벽 독서를 함께 하는 작가님 한 분이 "아픈 건 좀 어떠세요?"하고 물으셨어. "몸은 여전히 아프고 힘들어요. 그런데 신기하게도 에너지는 그 어느 때보다 좋아요." 뜻밖이었어. 그건 머리로 한 말이 아니라 무의식 속에서 툭 튀어나온 진심이었거든. 아파도 이 글을 완성하고 싶다는 간절함이 통증뿐만 아니라 쉬고 싶다는 욕구마저 완전히 밀어내 버렸던 거야. 몸이 아니라 마음이 에너지를 움직였단다. 예전엔 아프면 며칠간 눕던 엄마였는데 이번엔 계획된 일정을 모두 소화할 수 있었어. 간절함이 클수록 통증은 희미해지고 오히려 에너지가 한곳으로 모였단다.

무관심은 간절함에서 배양되는 의지의 힘이야.

이렇게 무의식적으로 행했던 모든 놀라운 위력에는 반드시 무관심이 기반되어 있어.

소방관이 공포에 무관심했던 것처럼,

산통은 예정된 기쁨 앞에서,

여름 감기의 통증은 글에 대한 간절함 앞에서

철저하게 무관심해지면서 엄마의 집중을 도왔어.

엄마는 발견했어. 지금까지 삶의 뜻하지 않은 주저함, 두려움, 도전이나 갈등 앞에서 '의도'하진 않았지만, **관심 이면에는 무관심이 전제되었고, 무관심은 관심 있는 그것에 더 집중시킬 수 있는 위대한 가치**라는 것을.

그래서 이제 의도적으로

'의식적 무관심'을 사용하려 해.

얼마 전에 엄마가 우쿨렐레 연주회를 했잖아. 작년 정기 공연 때가 생각나더라. 네가 "엄마 틀렸어"라고 말했던 거 기억나지? 엄마는 첫 순서였던 클래식 기타 연주에서 큰 실수로 공연을 망쳤어. 이번엔 달랐어. 무대에 오르기 전, 스스로에게 다짐했어. 의식적으로 무관심에 관심을 둔 거지. '틀린 음에 무관심해지자. 음악은 흘러가는 것이다.' 안타깝게 이번에도 실수가 나왔지만, 그것에 매달리지 않았어. '의식적 무관심' 덕이야. 감정에 흔들리지 않으니, 연주는 자연스럽게 이어졌고 오히려 즐길 수 있었단다.

무관심은 실전에서 전체를 보게 하는 통찰뿐만 아니라 감정을 흘려보내게 하는 유연함이란다.

그리고

부분이 아닌 전체를 바라보게 하는 몰입의 힘이기도 해.

'의식적 무관심'은 변명이나 핑계, 회피가 아니란다. 불필요한 감정에서 나를 지켜내는 선택이야. 관심의 이면을 알아채고 본질에 집중하는 그 순간, 네 관심은 더 명확해지지. 이렇게 의도적으로 '의식된 무관심'이야말로 관심을 살아 움직여 현실이 되게 만드는 가장 강력한 힘이란다.

아이야, 무관심은
글자가 주는 느낌처럼 차가운 외면이 아니었어.
공포를 견디기 위한 적당한 거리였고,
집중을 위한 감춰진 에너지였어.
예정된 기쁨 앞에서 자연스레 피어나는 선택.
고통의 반대편에서 너에게 능력과 열정을 불러일으키는 힘.
일에 휘말리지 않고 감정을 흘려보내 마침내 본질을 보게 하는
지혜란다.

뭔가 결과를 내고 성공한 사람들을 자세히 관찰하면 '관심' 두는 것을 결과로 얻기 위해 참으로 많은 것에 무관심하단다. 칭찬에,

부당한 비난에, 조급한 마음에, 중상모략에, 겁에, 의심에, 불편함에, 그리고 불쾌함에... 참으로 많은 것들에 의도적으로 무관심하지.

이렇게 무관심은
관심의 '또 다른 선택'이고
본질에 집중하게 하는 '전략적 침묵'이며
흔들리는 감정 이면에서 서서히 오르는
'내면의 평정심'이란다.

'관심이란, 어떤 것에 끌려 주의를 기울이는 마음[1]'이잖아. 사람들은 '건강'을 원하면서도 오히려 '질병'에 관심을 두고 걱정하며 대비해. 그런데 진짜 원하는 건 '건강'이잖아. 그렇다면, 질병에 무관심하고 건강에 관심을 둬야겠지?

'그림의 이쪽 면을 보았느냐.
이제는 저쪽 면을 보라.
고민하지 말고 단순해져라[2].'

이렇듯 드러난 겉모습만 보지 말고, 감춰진 근원의 본질을 들여다

---

1 네이버 국어사전
2 명상록, 마르쿠스아우렐리우스, 현대지성, 2018.

보렴. 파생된 것이 아니라 근원을 말이야. 근원은 본질이자 중심이라 변하지 않지만, 파생된 것은 겉으로 드러난 현상이라 늘 변한단다. 그러니 파생된 것에는 '의식적 무관심'을, 근원에 '의식적 관심'을 두렴.

두려움은 용기에,
무기력은 의지에,
질병은 건강에,
고통은 성장에,
사건은 이유에,
결핍은 충만에,
실패는 성공에.

이 세상은 언제나 서로의 반대편에서 균형을 이루며 존재한단다. 하지만 마음이 한쪽으로 쏠리면 전체를 보지 못하고 본질을 놓치게 되지. 그래서 균형의 시선이 필요해.

그렇게 본질을 찾아 근원을 이해했다면, 이제는 관심 가는 그것에조차 의식적으로 무관심해 보는 거야. 이것은 소극적인 반응이 아니라 사신의 징신적 에너지를 지키기 위한 주체적인 선택일 수 있어.

노자는 '침묵은 위대한 힘의 원천[3]'이라고 했어. 앞서 말한 통증과 불안, 공포와 걱정들은 언제나 우리의 시선을 붙잡아 머무르게 하지. 몸의 고통이든 마음의 상처든 사회적 아픔이든, '나를 봐 달라'고 신호를 보내. 하지만, 이 모든 것들을 꼭 해결해야만 사라지는 건 아니잖아. 때로는 몸부림치기보다 그것이 흘러가도록 내버려두는 편이 더 지혜로울 수 있어. 한마디로 전략적 무대응, 무반응, 무응답으로 잠시 머물러 보는 거야.

이럴 때 필요한 것이 바로 '의식적 무관심'이란다. 무관심은 냉소나 외면이 아니라, 외부의 소음을 차단하고 본질로 시선을 돌리는 결단이야. 감정에 휘둘리지 않고, 에너지를 낭비하지 않으며, 중요한 가치와 해야 할 일을 침묵 속에서 집중하도록 이끄는, 그것이 **'무관심의 역할'**이지.

에피쿠로스는 '행복한 삶이란 몸의 건강과 평정심[4]'이라고 했어. 세상은 늘 반응을 요구해. 누군가의 말 한마디, 뉴스 한 줄, 비교와 평가의 시선 속에서 우리는 늘 흔들리면서도 설명하고, 증명하려 애쓰지. 하지만 모든 것에 반응하는 삶은 결국 나를 소모시켜. 무관심은 이런 소모의 순환을 끊어버리는 평정심이야. 남의 시선 말고 내 기준에 집중하고, 세상의 소리 말고 내 리듬에 귀 기울이는

---

3 도덕경, 노자, 현대지성, 2019.
4 에피쿠로스 쾌락, 에피쿠로스, 현대시성, 2022.

태도. '완전한 평정심을 되찾는 것은 얼마나 유쾌한 일인가[5]'라고 말한 아우렐리우스처럼 우리도 그 평정심을 느껴보자. 반응하지 않음으로써 근원을 지켜내고, 파생으로부터 내면의 평화를 지키는 심적, 정신적 평온함. **'무관심의 진가(眞價)'**말이야.

아이야,
이렇게 무관심은 단순한 무신경, 무감각, 무의식, 무감정이 아니야. 내적 평온함을 위한 의식적 선택이란다. 세상 모든 것에는 네가 관심을 줬을 때 영향을 미칠 수 있는 것이 있고, 제 아무리 관심을 줘도 아무런 효과 없이 관심으로만 그치는 것이 있어.

> *'우리의 힘으로 어쩔 수 없는 것들에 대해서는*
> *거부감을 보이거나 피하지 말고*
> *순순히 받아들여야 한다[6].'*

너의 능력 밖에서 벌어지는 환경적 요소들
어찌할 수 없는 상황으로 닥치는 예상치 못한 일들
통제할 수 없는 흐름 속에서 맞닥뜨린 삶의 난제들
바꿀 수 없는 현실에서 기어이 겪어내야만 할 난관들

5, 6 명상록, 마르쿠스아우렐리우스, 현대지성, 2018.

관심은 있으나 관심을 줄 수 없는 영역에는 무관심 하렴. 이런 모든 것에 대해서는 담담해야 한단다. 이건 포기나 체념이 아니야. 네가 할 수 있는 모든 것을 다 한 뒤에도, 세상에는 네 의지를 넘어 스스로 흘러가야 할 일들이 있어. 사실 인간에게 벌어지는 일이란 게 자기 스스로가 다룰 수 있는 건 일부일 뿐, 나머지는 타인의 선택, 시간 등 자기 통제권 밖의 환경에 의해 결정된단다. 우리의 몫은 최선을 다하는 것이고 결과는 '신성한 무관심'으로 받아들여야 하지. '자신이 최고의 에너지를 쏟아부은 이상, 성공하든 실패하든 신성한 무관심'[7]으로 네가 바라는 바를 믿어보렴.

무관심은 마음을 지키기 위한 전략이지만, 궁극에는 **'믿음'**으로 완성된단다. 믿음이 깊어질수록 이성은 냉철하게 본질에 집중하여 행동으로 이끌지. 감정이 고요해질 때, 그 고요함 속에서 피어나는 믿음이 있어. 그 믿음은 마침내 '신성한 무관심'으로 승화되어, 더 큰 믿음으로 자라난단다.

이제 네 관심은 어디에 닿아 있니?
그 관심이 네 삶을 어디로 견인하고 있니?
그냥 믿어버려.
의심하지 말고 믿어버리는 무관심에는 퇴로가 없단다.
그냥 행동 하는 삶, 나아가는 삶뿐이지.

---

7 영원의 철학, 올디스헉슬리, 김영사, 2014.

무관심은 결국 '완벽한 믿음'에서 비롯되는 거야.

'믿음은 바라는 것들의 실상이요, 보이지 않는 것들의 증거이니[8]' 이 말씀처럼, 보이는 것을 믿는 것은 쉬워. 보이지 않는 것을 믿는 것이야말로 용기 있는 결정이고, 바라는 것이 반드시 현실이 될 수 있다는 확신이란다. 무슨 말이냐면 우리에게는 가끔 0.1%의 의심도 없는 믿음이 필요해. **"나는 이미 이겼다. 나는 이미 승리했다. 나는 이미 이루었다."** 이런 순도 100%의 믿음은 불필요한 걱정과 감정 소모에서 우리를 해방하지. 그래서 **무관심은 '단순한 부정'이 아닌, '의심 없는 믿음'의 또 다른 표현**이야.

엄마가 어려서부터 좋아하던 성경 속 이야기 하나 해줄게.

'이스라엘과 블레셋, 두 민족이 전쟁 중이었어. 키가 3미터에 가깝고, 칼과 창과 방패로 무장한 블레셋의 거인 장수 골리앗이 외쳤어. "나와 싸워 이기면 우리가 너희의 종이 되고, 지면 너희는 우리 종이 돼라."

이스라엘 군사들은 모두 두려움에 떨며 아무도 나서지 못했지. 그때 다윗이 골리앗 앞에 나섰어. 그는 군사도 아니고 어린 목동이었지만, 하나님을 신뢰하는 믿음은 그 누구보다 강했단다. "너는 칼과 창으로 나오지만, 나는 만군의 여호와의 이름으로 나간다." 그는 물맷돌 다섯 개와 믿음 하나만을 들고 나갔고,

---

8 성경, 히브리서 11장 1절.

단 한 번의 돌팔매로 골리앗을 쓰러뜨려 승리를 거두었단다[9].'

소년 다윗은 두려움 따위는 무관심했고, '완벽한 믿음'에만 관심을 뒀지. 집중 아니 '집중하려는 의도조차 없는 믿음'은 무조건 승리의 편이란다. 너의 의지, 판단, 고집, 이성, 생각, 기억, 인식에 모두 무관심해지렴. 그렇게 의심하지 말고 믿음으로 무엇이든 도전하렴. 무관심을 전제한 도전은 물론 약함도 드러나고 한계에도 부딪히고 자존심도 상하겠지만 결과적으로 그러한 '믿음'은 세상을 이기는 고요한 내면의 위력이란다. **무관심이란 결국 '행동'으로 증명**되는 거야.

완벽한 믿음은 '행동'만을 수반해.
믿음의 실체는 행동이야.
더 엄밀히 말하면 행동의 강도(強度)란다.
사람은 실체를 만들어내는 창조의 존재지.
행동만이 믿음을 드러나게 한단다.

오랫동안 가뭄으로 고통받는 마을 주민들이 현자를 찾아가 물었어. "비가 오게 해주세요." 그런데 현자가 말했어. "비는 오지 않을 걸세." 사람들이 의아해하자, 현자는 조용히 덧붙였어. "이 자리에 아무도 우산을 가지고 오지 않았으니..."

---

9 성경, 사무엘 상, 17장.

관심이 없다는 사실조차 의식하지 못할 만큼 깊이 믿을 때,
그 믿음은 의심이 아닌 확신이 되고,
그 확신은 반드시 행동의 형태로 증명되는 거란다.

세상이 네게 관심 두라 하는 것들의 본질이 이제 보이니? 그러면 무엇에 관심을 두고, 어디에 의식적 무관심을 둘지도 이제 감이 오지? 세상은 모든 것에 관심을 가지라 말하지만 정작 중요한 건 무엇에 관심을 주고, 그 관심에 집중하기 위해 의식적으로 무엇에 무관심할지를 판단하는 것이 지혜란다.

기술보다 중요한 건 사람
돈보다 귀한 건 가치와 책임
취업보다 우선인 건 삶의 방향
평판보다 귀 기울일 건 내면의 소리
여행보다 의미 있는 건 느낌과 시선
유행보다 소중한 건 진짜 나의 취향이야.

무엇이든 가질 수 있는 세상에서, 무엇을 내려놓을 수 있는지가 진짜 너를 단단하게 만든단다. 꿈을 향해 나아갈 때는 현실보다 결과, 두려움보다 행동, 그리고 그 모든 것을 이끄는 믿음의 힘을 신뢰하렴. 믿음이 깊을수록 마음은 고요해지고, 그 고요 속에서 너의 길이 열린단다.

무엇인가 이루려면 무관심해야 할 것에 철저히 무관심해지렴.
쓸데없는 통증이나 불안에 마음을 낭비하지 말고, 해야 할 일에
만 집중하렴. 그럴 때 무관심은 일을 제대로 이끄는 통로가 되어
줄 거야.

믿음에는 의심이 없어.
계산하지 않고, 망설이지 않으며, 그저 행동으로 나아가.
비를 믿는 사람은 우산을 챙기고,
빛을 믿는 사람은 어둠 속에서도 걷는다.
무관심은 믿음을 행동으로 유도하는 동력이란다.

그러니 아이야,
너의 '관심'은 '본질'을 향하고,
너의 '무관심'은 완벽한 '믿음'으로 뿌리를 내려라.
완벽한 믿음은 반드시 행동을 통해 실체가 되니
실체의 발현을 위해 '의식적 무관심'에 철저하렴.

아들아, 딸아

아들아
무거운 짐을 들고 계단을 오르는 어르신을 보거든
그 짐을 올려드려라

그 짐에는
당신이 짊어지고 살아온 세월이 담겨 있단다
고단한 세월을 이겨내어 마침내 오늘을 만든 그 몸이
바로 너의 오늘이란다

딸아
길에서 아이와 눈이 마주치거든
웃어주어라

그 눈동자에는
더 큰 세상을 창조할 새로움이 숨어 있단다.
아이가 누릴 세계가
곧 너의 내일이란다
아들아
친구를 만나 밥을 먹거든
밥값은 네가 내어라

네 결혼식에, 네 아이의 잔치에
차려입고 손뼉 칠 사람
내 장례식에 기꺼이 와서
관을 들어 줄 사람
그가 진짜 귀한 인연이란다

아들아, 딸아
길 잃은 외국인
피켓을 들고 외치는 이
바삐 지나가는 누군가를 만나거든
알려주고, 응원하고, 비켜주어라

네가 살아갈 그 길에서 마주한
모든 사람이
이 세상을 함께 짊어지고 가는
너의 동반자란다

모두
귀한 인연이란다

엄마와 하는 성적 말고, 성적(性的) 대화

엄마가 너희들 어렸을 때부터 재산은 남겨 주지 않겠다고 말했던 거 기억나지. 지금 생각하면 '돈에 대한 개념도 없던 아이들에게 그렇게까지 일찍 단호했어야 했나'하는 생각이 들어. 하지만, 그것 때문인지 너희들은 무엇 하나도 당연하게 사달라고 요구하지 않았고, 일찍 경제적 자립을 시작했어.

그래서, 엄마의 육아 목표 1번, '아이의 독립'에 대해서는 어느 정도 할 일을 마친 기분이 들더라. 그런데, 엄마에게 비공식적인 육아 목표가 하나 더 있었어. 아이가 성인이 돼서도 엄마를 만나는 시간이 기다려지는 '놀이공원 같은 엄마'가 되는 거야. 절대 소박한 꿈은 아니지.

어떤 엄마냐 하면 마르지 않는 샘 같은 엄마야. 그 샘에서는 새로운 아이디어, 새로운 관점, 새로운 호기심이 마르지 않고 퐁퐁 솟아오르는 거야. 그래서 엄마와 이야기하고 돌아갈 때면, 너희들 머릿속에서 새로운 생각이 팡팡 터지는 거지. 그래서 말인데, 오늘 엄마와 좀 흥미로운 이야기 좀 해볼까? 놀이동산의 롤러코스터처럼 짜릿한 이야기야.

성(性)!

성에 관한 이야기는 부모자식 간에는 평상시에 꺼내지 않다가 문제가 터지면 어쩔 수 없이 꺼냄을 당하는 주제야. 부모는 아이들이 독립해서 성인으로 건강하게 자랄 수 있도록 학습력은 물론이고 인성(人性), 감수성, 사회성을 높이려고 애를 써. 심지어 엄마는 일찌감치 경제 독립까지 가르치려 들었는데, 왜 성에 대해서는 언제나 함묵하고, 방치했을까?

성적에 대해서는 수많은 대화를 나누면서,
왜 성적(性的) 대화는 나누지 못했을까?

살아보니, 성은 우리 삶에 기깝고도 깊숙이 자리하더라. 그런데, 너희들과 성에 대해 나눈 말은 기껏해야 '이성으로 본능을 통제해라' 또는 '성적(性的) 호기심은 죽이고 성적이나 올려라'는 식이었어. 그런 대화가 어떻게 너희들의 성 가치관 형성에 도움이 되었겠니? 제대로 된 성 가치관의 부재(不在)는 건강하고 독립적인 삶을 항해하는 데 곳곳에서 암초가 될 수 있다는 것을 그때는 몰랐어. 그래서, 미안해. 네가 한창 성에 관심을 보일 때, 엄마가 침묵해서. 엄마도 너무 몰라서 그랬어.

엄마는 초등학교 4학년 때 학교에서 40분짜리 성에 대한 비디오를 본 것이 인생의 처음이자 마지막 성교육이었는데, 내용은 이랬어.

정자가 여행을 한대. 꾸물꾸물 여러 놈이 막 신나게 어디론가 달려가더니 다 나가떨어지고 정자 한 놈만 난자랑 만났대. 그러더니 여자 뱃속에 빨간 하트가 생겼어. 그리고 여자 배가 불룩 불렀어. 그렇게 생명이 생긴대.

참 쉽지? 그런데, 엄마는 핵심을 이해하지 못했어. 어떻게 정자와 난자가 만나는 건지, 정자가 무얼 타고 여행을 하는 건지, 그저 상상의 나래만 펼쳤지.

현재 한국 사회는 '성적자기결정권[1]', 즉 자신의 가치관에 의한 판단과 스스로의 책임하에 상대방을 선택하여 성관계를 가질 수 있

---

1 성적자기결정권은 자기 스스로 내린 성적 결정에 따라 자기 책임 하에 싱대방을 선택해 성관계를 가질 수 있는 권리를 말한다, 국가법령정보센터.

는 권리를 법으로 보장하고 있어. 청소년에게도 이렇게 성관계에 관한 결정 권한을 덜컥 주면서 한마디 덧붙였어. 기분 내키는 대로 결정하지 말고, 각자의 성 가치관에 따라 결정하라고.

그러면 엄마처럼 성관계조차 온갖 추리력을 동원하여 상상해야만 했던 사람은 어떻게 성 가치관을 가질 수 있었을까? 성에 대해서는 40분짜리 성교육 비디오가 전부였고, 집에서는 성에 관한 이야기를 나누기는커녕 가족들과 영화를 보다가 키스하는 장면만 나와도 엄마가 TV를 꺼버렸던 시절이었는데 말이야. 성 가치관은 고사하고 성, 섹스라는 단어조차 입에 올려도 안 되는 분위기였기에 성(性)은 그저 성(城)안에 갇혀 있는 미스터리였어.

그런데 요즘 젊은 세대의 성 문화를 보면 엄마 시대는 갑자기 호랑이 담배 피던 시절로 훅 넘어가는 느낌이 들더라. 불과 30년 사이에 잠자던 성문화는 성(城) 밖으로 당당히 얼굴을 내밀었어. 성을 즐기는 것이 하나의 트랜드가 되었고, 젊음과 쿨함의 상징처럼 여겨졌어. 아니, 어쩌면 취미 생활 또는 기호 식품처럼 기분 전환을 위해 가볍게 취하는 그 무엇이 되어있더라. 도대체 그 사이에 무슨 일이 생긴 걸까?

오랜 시간 꾹꾹 눌러둔 만큼, 성 인식도 오래된 장맛처럼 숙성됐을까? 아니, 엄마가 보기에는 그렇지 않더라. 그저 날 것 그대로 눌려있다가 날 것 그대로 튕겨 나왔어. 엄마가 학교에서 본 40분 짜리 비디오만큼이나 여전히 본질은 없고 그 자리에 자극만 담긴 영상물로 아이들이 성 가치관을 만들고 있는 현실이 도리어 더 위태로워 보였어.

아이야, 잘 들어봐.
'성'이란 무거운 것도 아니지만, 가볍게 마시는 콜라도 아니야.
'성'이란 숨길 것도 아니지만, 대놓고 즐기는 먹방도 아니야.

네가 살아가면서 성은 이런저런 모습과 문제로 찾아와서 너와 네 주변 사람 곁을 자주 얼쩡거릴 거야. 쉽게 생각하지 말고, 무겁게 생각하지도 말고, 30년이 지나도 해보지 못했던 것, 우리 이제 성에 대해 제대로 얘기해 보자.

이 세상에 수도자나 성직자가 아니면 '돈'과 '성' 없이 사는 사람이 있을까? 또, 인생에서 이 두 가지 문제를 겪지 않고 사는 사람 또한 없을 거야. 왜일까? 인간은 정신과 육체를 지니고, 물질을 갖고 살아가잖아.

돈은 물질, 성은 육체야.
물질과 육체는 살아가는 데 필요조건이지만, 충분조건은 아니야.
그러면 뭐가 빠져 있니?

그래, **정신!**

육체와 물질을 사용하는 데 있어서 정신이 주인 역할을 해야 비로소 충분조건이 맞아떨어져. 즉, 정신은 없는데 필요조건만 있으면 '생존'하는 삶이 되고, 필요조건에 '정신'까지 깃들어 있어야 '존재'로서의 삶이 되는 거야.

조금 낯설겠지만, 엄마와 성에 정신을 불러와 보자. 물론, 네 가치관을 엄마가 세워주겠다는 말은 아니야. 어떤 정신이 들어와야 네 가치관이 너의 존재를 지킬 수 있는지를 같이 보자는 거야. 정신을 빼놓으면 언젠가 반드시 육체와 물질이 우리를 흔들어 대니까.

지금부터 단단히 세운 가치관 꼭 붙잡고, 집채만 한 파도가 우리를 집어삼키려 해도, 중심을 잃지 않고 유유히 파도 밖으로 빠져 나오는 서퍼(Surffer)가 되어보는 거야. 엄마가 너희들에게 진정 바라는 모습, 자립(自立). 경제적으로 홀로 서고, 정신적으로 중심을 잡는, 인생이란 거친 파도 위에서 유유자적 파도타기를 즐기기 위한 중심 잡기를 시작해 보자.

성(性).
한자로 마음 심(心)과 생겨날 생(生).

사전적 의미로는 만물이 갖고 있는 본바탕, 사람의 타고난 성질을 의미하는데, 엄마는 여기서 성을 남녀의 육체적인 관계를 의미하는 성(性)으로 국한해서 얘기하려 해.

한자의 음 그대로 보면 마음에서 생겨난 것이니, 성은 말 그대로 자연스러운 것이네. 영어로는 'SEX'의 어원인 라틴어 'SECARE'. '나누다', '자르다'라는 의미로 '성서에서 하느님이 아담의 갈비뼈를 '잘라' 이브를 만들어 남성과 여성이라는 성이 구분되었다'가 어원이래. 엄마는 여기에서도 성은 극히 자연스럽다는 의미를 찾았는데, 성관계 역시 잘라져 나온 이브가 아담과 결합하여 완전체가 되려는 행위이니 자연스러운 일이지.

그래서 **성은 자연스러운 것**이야.
자연스럽다는 것은 흘러가듯 편안하지.
억지가 없고, 불편하지 않아.
그리고 모자라지도 않고 넘치지도 않아.
그래, 성은 자연스러운 것이야, 자연에 가까워야 하지.
그러니 부자연스러운 성관계를 빼 버리는 것이
성에 대한 첫 번째 기준이어야 해.

'자연스러움'은 흔한 말인 만큼 실생활에서 왜곡도 심하니 의미를 다잡고 넘어가자. '자연이란 일반적인 뜻으로는 인간에 의하여 변혁되지 않은 본질[2]'이라고 해.

그러면 성에 있어서 인간에 의해 변혁된 것을 가릴 줄 알면 되겠다. 무엇일까? 인위적인 것, 자극적인 것, 즉흥적인 것, 과도한 것. 그러면, 이 단어들을 성과 결합시켜 봐. 모두 성 문제, 성범죄와 연결되지.

**즉, 성이라는 '자연'이 인간의 의도로
'부자연'으로 변질되는 순간에 깨어있으면 돼.**

인간의 뇌는 간사스러워서 변질의 순간에도 성은 그저 자연스러운 것이라고 속삭일 거야. 인위적인 만남, 말초 신경을 자극하는 성문화, 즉흥적 행위, 과도한 성관계, 새로울 것도 없는 이 진부한 성에 결합된 형용사들은 모두 '부자연'이라는 것을 명심해.

그러면, '왜 인간은 부자연스러움을 추구하게 되냐'는 질문이 나오지. 인간은 욕구의 동물이라고 하잖아. 결핍이 있으니까 욕구하게 되고, 욕구는 인간을 움직이게 하고. 그런데 문제는 결핍이 충족되고도 멈출 줄 모르는 욕구, 즉, 탐욕이야. 이 탐욕에 빠져들면 언제나 부자연스러움이 배어 나와. 그런데, 이 부자연스러움을 본인은 알아채지 못하는 경우가 많으니, 바로 여기가 주의해야 할 포

---

2 자기신뢰철학, 랄프왈도에머슨, 동서문화사, 2020.

인트야. 외국인들이 화들짝 놀라는 한국의 성형 문화를 봐. 하나를 고치면 계속 고치고 싶어 하잖아. 그런데, 이 부자연스러운 성형 세계에서 가장 많이 듣고, 하는 말이 뭐야? 빙고! '자연스럽다'는 말이지. 성형이라는 부자연스러운 행위를 하면서 '자연스러움'을 추구해. 바로, 부자연스러움이 자연스러움으로 둔갑하는 경우야. 다른 탐욕도 마찬가지야. 식탐이 많은 것도, 요즘 말로 지름신을 모시는 쇼핑 행태도, 틈만 나면 캠핑이나 여행을 가야 하는 사람들도, 스스로는 한계를 모르는 탐욕에 의해 조정당한다는 것을 알아채기가 힘드니까 계속 갈망하는 거야.

이런 욕망을 에피쿠로스는 '결핍의 고통을 제거하지는 않고 쾌락을 다채롭게 해주는 본성적이지만 필수적이지 않은 욕망이며, 이 공허한 욕망은 무한대로 뻗어 나간다[3].'고 했어.

이 욕망의 성격을 성으로 딱 데리고 와봐. 사람들은 성욕이 자연스러운 인간 본성이라고 하잖아. 과연 그럴까? 성욕은 고통을 제거하는 욕구라기보다 다채로운 쾌락에 대한 탐욕에 가깝잖아. 따라서, 에피쿠로스에 의하면 성욕 역시 자연스러움을 가장한 부자연스러움이 될 수 있는 거야. 그럼 도대체 무엇이 결핍되어 있길래 계속 갈망할까?

---

3 에피쿠로스 쾌락, 에피쿠로스, 현대지성, 2025.

고통이 없는데 고통으로 인식하고, 결핍이 없는데 느끼는 허기는 무엇으로 채울 수 있을까? 너도 그런 허기를 느낀 적이 있는지 모르겠는데, 엄마는 있어. 나를 둘러싼 모든 것이 완벽한 것 같은데, 무엇인가 비어 있는 느낌. '이게 다는 아니잖아?' 하는 느낌. 이것을 '존재감의 결핍'이라고 한다는 것을 나중에야 알았어. 내 존재를 무엇인가에 붙들어 매야 비로소 조금이나마 존재를 느낄 수 있는 위태로운 감정. 그래서 필사적으로 존재하기 위해 맹렬하게 무언가를 향하는 갈망.

그러니 아이야,
'자연'을 새겨 보려고 멀리 돌아왔지만,
궁극의 질문은 이거야.
'너는 어떻게 너의 존재감을 채우고 있니?'
네 존재감이 꽉 차 있으면 '부자연'은 저절로 멀어진단다. 네 존재감이 위태롭게 외부의 것에 매달려 있는지, 내면의 것에 단단히 뿌리 내리고 있는지 틈만 나면 들여다보자.

꺼진 불도 다시 보아야 화재를 면하듯이
꺼진 존재감을 다시 보아야 인생의 화(火)를 면한단다.

이제 너는 **'성자기결정권'을 법으로부터가 아니라 너 자신에게 스스로가 부여해라.** 단단히 뿌리내린 너의 존재감에서 나온 행동은 자연스러울 것이고, '모든 자연스러운 행위는 아름답다. 그리고 자연은 결코 천한 인상을 보여주는 일이 없다[4].' 이 말을 새기면, 그 권리가 가볍게 주어지지는 않을 거야. 기억해 줘. 자연스럽고 존귀한 아름다운 너의 권리.

성에 대한 두 번째 기준, 자유의 뜻, 자유의 이면을 보자.

자유! 우리에게 언제 자유가 있었다고, 갑자기 이런 것을 주시나요? 귀가 시간도, 무엇을 살 때도, 본인의 진로도, 심지어 배우자를 정할 때도 부모의 허락을 받는 것을 당연시하던 사회가 갑자기 청소년에게 성관계는 네가 스스로 알아서 결정하라며 자유를 던져줬어. 학교와 사회에서 자율보다는 타율이 더 익숙한 우리에게, '자유'를 사유할 자유 시간이 없었던 우리에게 던져진 자유는 얼떨결에 손에 쥐어 진 폭탄과도 같다는 생각이 들어. 왜 자유가 폭탄이 될 수 있을까? 자유가 무엇일까? 내 마음이 가는 대로, 감각이 원하는 대로, 욕구가 이끄는 대로 행동하는 것이 자유일까?

자유 개념에 근거한 도덕철학을 한 칸트[5]에게 물어보자. 칸트는 본능적 욕구에 의한 고통의 회피, 쾌락의 추구를 위한 행위는 욕구에 복종하는 행위이지, 자유의지에 의한 행위가 아니라고 해.

---

4 자기신뢰철학, 랄프왈도에머슨, 동서문화사, 2020.
5 이마누엘 칸트(Immanuel Kant, 1724~1804) :근대 계몽주의를 정점에 올려 놓았고 독일 관념 철학의 기반을 확립한 프로이센의 철학자.

'자율적으로 행동한다는 것은 천성이나 사회적 습관에 따라서가 아니라 내가 스스로 부여한 법칙에 따라 행동하는 것이다. 즉, 자유로운 행동은 주어진 목적을 위한 최선의 수단을 선택하는 것이 아니라 목적 그 자체를 선택하는 것[6].'이라고 했어.

뭔 소리냐고? 흔히들 말하는 '원나잇', 성적 즐거움을 위해서 가볍게 만나고 헤어지는 행동을 생각해 봐. 겉에서 보면 아주 자유롭지. 상호합의, 자유의지에 의한 일이고 불법도 아니야. 하지만 칸트에 의하면 이 행위는 **본능(성욕)에 대한 복종이지, 자유의 행사가 아니라는 거야. 성욕은 인간이 선택한 목적이 아니고 주어진 목적(천성)이니까.**

물론 칸트의 생각이지만, 새롭지 않아?
자유라고 생각한 행위가 복종이 될 수 있다는 것이.
자유의지에 의한 행동이 실은 욕구에 굴복하는 행위였다는 것이.
그리고, 원나잇에 대해 칸트가 또 해주고 싶은 말이 있대.

*'나 자신과 타인의 인격을 존중하고
목적 그 자체로 대하라,
결코 수단으로 사용하지 말아라[7].'*

---

6 정의란 무엇인가, 마이클샌델, 와이즈베리, 2014.
7 선의 연구, 나시다기타로, 도서출판 b, 2019.

칸트의 생각을 뒤로 하고 자유에 대한 또 새로운 생각을 만나보자.

'선이 무엇인지, 참이 무엇인지 알고 그에 따라 주저 없이 행동하는 것이 진정한 자유이다[8].'라는 정의도 있어. 모처럼 자유다! 하고 만끽하려고 하니, 묻고 따지는 것도 많다. 그치? 그래서 엄마가 쉽고 깔끔하게 정리해 볼게.

'자유는 쓰기 전에 깐깐하게!' 무엇이 참이고, 선인지 모호하면 차라리 구속상태로 있는 것이 낫고, 욕구에 대한 복종인지, 내가 선택한 목적인지 헷갈리면 알 때까지 자유를 유보하는 것이 나은 판단이야.

이제, 자유의 이면(裏面)을 보자.
자유의 이면, 즉 반대쪽에는 구속이 있지?
그 말은 자유와 구속은 함께 온다는 거야.
이렇게도 말할 수 있어.
'자유는 자유를 구속한다.'

'자유에는 책임이 따른다'는 말은 초등학생도 아는 말이야. 그러니까 여기서 시작하자. 이해를 위해서 각 단계를 번호로 표시할게.

---

8 깊은 마음의 생태학, 김우창, 김영사, 2014.

1. 자유에는 책임이 따른다.
2. 책임지지 않은 자유는 빚을 만든다.
3. 빚은 반드시 대가를 요구한다.
4. 대가를 위해 자유는 구속된다.

이 논리로 자유는 다시 자유를 구속하게 돼. 언제? 책임지지 않았을 때, 책임을 간과했을 때. 바로 여기서 네가 주의했으면 하는 부분은 이 책임이 언제나 눈에 보이지는 않는다는 사실이야. 하지만, 자유는 무조건 책임의 씨앗을 뿌려. 당장 보이는 책임이 없으니까, 빚이 계속 쌓이는지 모르고 자유를 방종하게 되는 거야.

왜 안 보였을까? 간단해. 우리 눈에 보이는 게 전부가 아니니까. 양극성, 작용과 반작용, 이원론 등은 우주와 자연의 법칙을 설명하는 원칙이야. 하나의 사물이나 현상은 전체의 일부이고, 그것을 완전한 것으로 만드는 반대, 이면(裏面)이 반드시 존재한다는 것. 그래서 언제나 **반대 극, 이면, 전체를 보라는 원리**이지.

놀이동산 같은 짜릿한 이야기라더니, 우주와 자연의 법칙이 나왔네. 미안, 초등학생 수준으로 설명을 시작했으니까, 초등학생 눈높이로 마무리를 해볼게. '폭탄 돌리기 게임' 알지? 폭탄이 자유의 모습을 하고 막 돌아가는 거야. 그러다 어떤 시점에 누군가의 손에서 펑 터지잖아. 그게 누구의 손이다? 자유를 깐깐하게 따져보지 않은 손, 책임지지 않은 손. 그러니 폭탄을 피하려면 어떻게 해? 앞에서 말한 대로 반대 극과 이면을 보면서 깐깐히 따져보는 거야. 언젠가 구속으로 돌아올 자유인지 깐깐하게 따지지 못하겠으면, 덥석 잡지 말고, 폭탄은 그냥 패스해 버려야 해.

자유를 무분별하고 과도하게 행사하면 방종이 되고, 문란이 되고, 타락이 되고, 침해가 되고 더 나가서 폭력이 된단다. 늑대의 자유가 사슴의 죽음이 돼. 자유의 시작점과 종착지를 모르면 그 자유가 뿌린 책임이 다시 우리를 구속하는 거야. 그러니까, 기억하자. '자유는 행사하기 전에 폭탄인지 아닌지 따져보자. 깐깐하게!'

'두 벌이 같은 곳에서 같은 먹이를 먹어도
이 벌은 침을 만들고, 저 벌은 꿀을 만든다.
두 사슴이 같은 풀과 물을 먹어도
이 사슴은 배설물을, 저 사슴은 순수한 사향을 만든다.
두 갈대가 같은 물을 먹어도
이 갈대는 텅 비어 있고, 저 갈대는 설탕으로 가득 찬다.

둘 사이에 만 가지의 유사점이 있어도
그 차이는 한평생 인생만큼 크다.
이것이 먹으면 오물이 되고 저것이 먹으면 신의 은혜가 된다.
이것이 먹으면 질투를 낳고 저것이 먹으면 신의 지혜를 낳는다.

이 땅은 비옥하고, 저 땅은 황폐하다.
이 사람은 무결한 천사이고 저 사람은 들짐승과 악마이다[9].'

세번째 기준은 '쾌락'이라는 보물찾기야.
성과 뗄 수 없는 밀접한 단어인 '쾌락!'
신이 쾌락으로 인간에게 던져준 궁극의 메시지를 파헤쳐 보자.

쾌락(快樂), 즉 기쁘고도 즐거운 상태이다.
이 말이 주는 인상은 깨나 짜릿하지? 맞아, 쾌락은 안정되고 지속적인 상태라기보다 찰나의 강렬한 기쁨이야. 그런데, 기쁘고도 즐거운 상태라면, 추구해야 마땅한데, 우리 사회에서는 쾌락을 추구하는 삶을 경계하잖아? 특히 쾌락이라는 단어가 성(性)이라는 단어와 접목되는 순간, 갑자기 타락이 생각나고 서둘러 금지해야 할 것 같아. 이 즈음에서 너의 질문이 귓전에 들리네.

"왜 쾌락을 추구하면 안 되나요?"
그래, 그 대답은 같이 찾기로 하고, 엄마도 질문을 하나 해 볼게.

"배란기에만 성행위가 가능한 동물과는 다르게
왜 인간은 수시로 성행위가 가능할까?"

---

9 루미시집, 잘랄아드딘무하마드루미, 시공사, 2025.

인간에게 성행위는 번식의 목적보다 쾌락의 목적이 더 크지. 분명 신은 인간의 성행위에 번식보다 쾌락의 의미를 더 부여한 것같아. 그런데, 왜 인간에게만 수시로 쾌락을 맛보게 하고 싶었을까? 동물에게는 왜 인간만큼의 쾌락을 허락하지 않은 걸까? 이것은 신의 선물일까, 재앙일까? 엄마가 궁금한 것을 못 참잖아. 그래서 추리를 시작했어.

가만히 생각하면 인간에게만 준 것은 이것만은 아니더라. 바로 '이성'도 함께 주셨지. 신은 인간을 이 쾌락이라는 말 등에 앉히고 이성이라는 고삐를 함께 쥐여 주었어. 왜? 쾌락을 제어하라고? 아니, 그것만은 아닌 것 같아. 엄마의 추리는 더 뻗어나갔어.

'사람들은 육체적으로 자신의 반대 극과 결합하며, 이 결합에서 오르가즘이라고 부르는 새로운 의식 상태를 경험한다. 이 의식 상태를 인간은 행복의 총체로 받아들이는데, 이것은 지속될 수 없다는 단점이 있다. 인간은 성행위를 자주 하는 것을 통해 이 단점을 상쇄하려 한다. 이 행복을 느끼는 순간이 아무리 짧더라도 그것은 인간에게 우리의 의식에는 질적으로 '통상적인' 의식을 훨씬 능가하는 여러 상태들이 있다는 것을 보여 준다[10].'

---

10 몸은 알고 있다, 뤼디거달케, 이지앤, 2009.

오호라!

**인간은 육체적 쾌락인 오르가즘을 통해서
'통상적인 의식을 능가하는 새로운 의식 상태'의 존재를 지각하
게 된대.**

맞아, 오르가즘이라는 경험은 한여름 밤의 꿈만큼이나 짧고도 신
비롭대. 그래서 한번 맛을 보면 계속 추구하게 된다는데, 왜 신은
인간에게 쾌락이라는 선물을 주면서 이렇게 찔끔 맛만 보여 준 것
일까. 혹자는 오르가즘을 지속적으로 느끼면 일상생활이 불가능
해서라는데, 정말 그래서일까? 일상생활이 가능한 지속적인 쾌락
은 왜 안 주시고, 감질나게 맛만 보여주신 걸까? 엄마는 이번에는
이 '찔끔'에 추리력을 모으고 단서를 찾아 나갔어. 이 '찔끔'은 신
이 인간에게 주고 싶은 궁극적인 선물, 지속 가능한 쾌락에 대한
힌트가 아닐까?

**신이 인간의 육체적 쾌락을 통해서
남기고 싶은 메시지는 무엇일까?**

잘 들어봐. 엄마가 추리했지만, 어찌나 말이 되던지...
신은 인간을 우리기 흔히 지가하는 '희로애락(喜怒愛樂)' 정도의
의식 상태에 머물러 있는 것을 원하지 않았던 거야. 그래서, 희로
애락 너머의 기쁨, 평화, 깨달음이란 특별한 의식 상태를 준비해

놓으셨는데, 이 선물은 아무에게나 주고 싶지 않아. 의지가 굳건한 놈에게만 주고 싶은 거야. 그래서 선물을 누구나 알 수 있는 곳 (통상적 의식 상태)에 두지 않고 잘 보이지 않는 곳에 숨겨 놓았어. 그런데, 이 선물의 존재에 대한 힌트를 주어야 찾으려는 의지도 생기지 않겠니? 그것이 바로 인간이 감질나게 인식할 수 있었던 육체적 쾌락이었던 거야. 즉, 육체적 오르가즘을 통해 선물(높은 의식 상태)의 존재를 알려 준 것이지.

그런데, 몽매한 인간이 선물의 존재는 알겠는데, 찾는 방법을 모를 수 있잖아. 그래서 방법까지 알려주신 거야. 무엇으로? 육체적 결합으로. 봐봐. 오르가즘은 육체의 양극, 남성과 여성이 결합해서 다다르는 새로운 의식의 경험이지. 육체 말고 무엇을 또 결합할 수 있겠어? 의식! 의식의 양극을 결합하는 거야. '엄마 도대체 뭔소리예요?' 하고 있는 네 얼굴이 떠오른다.

'우리는 오직 대립되는 것들의 결합을
의식에서도 이루어내는 것을 통해서만
시간에서 자유로워질 수 있다.
내가 이 영역에서 합일을 이루어낸다면 나는 영원한,
즉 초시간적인, 행복이 넘치는 상태에
도달한 것이다[11].'

---

11 몸은 알고 있다, 뤼디거달케, 이지앤, 2009.

앞에서 자유의 이면에 대해 이야기하면서 이면을 본다는 것은 다른 면, 보이지 않는 부분, 반대 극을 보라는 의미라고 했지? 인간은 언제나 어느 한쪽만 취함으로써 다른 한쪽을 배제해 버린대. 즉, 한쪽 극에서 기쁨에 빠지거나, 한쪽 극에서 고통스러워하는 거래. 그래서 양쪽 극을 다 바라보는 것, 양쪽 극을 결합하는 것은 한쪽 극에 치우친 우리의 인식을 중간 점에 가져다 놓는 것이고, 이것이 뤼디거달케가 말하는 의식의 오르가즘이야.

정신과 의사인 '데이비드 호킨스' 박사는 인간의 의식 수준을 에너지 수준으로 20에서 1000까지로 분류[12]하면서 인간의 집단적 의식 수준은 에너지 수준 200 정도에 머문다고 했어. 상위 의식 수준인 수용(350), 이성(400), 사랑(500), 기쁨(540), 평화(600), 깨달음(700-1000)을 설명하면서 '대부분의 사람들은 자신의 순수 의식 상태와 절연되어 있으며, 기쁘고 평화로운 충족 상태를 경험하는 일은 드물지만 그런 높은 상태는 도취 상태와 같은 강력한 에너지장을 갖고 있어 한번 경험하면 결코 잊히지 않으며 끊임없이 추구되는 황홀경 같은 상태이다[13].'라고 했어.

그런데, 이게 많이 들어본 말이지? 도취, 중독성, 황홀경... 이 모든 것은 성적 오르가즘을 설명할 때 들던 말이야. 앞에서 뤼디거

---

12 본 책 "엄마랑 바둑 한판 어때?(p.198)" 의식지도 참고
13 의식혁명, 데이비드호킨스, 판미동, 2024.

달케가 의식의 양극의 결합으로 이룰 수 있는 오르가즘이 데이비드 호킨스 박사가 말하는 '순수의식 상태', 즉 상위 수준의 의식 상태, 쉽게 말해서 우리가 육체의 오르가즘에서 찔끔 느끼는 기쁘면서 평화로운 의식 상태를 말하나 봐.

기쁨, 평화, 깨달음에 도달한 사람들을 언제나 너무 기쁘지도 너무 고통스럽지도 않은 '**평정심**'을 유지하잖아. 이런 사람들의 의식 상태가 바로 중용, 의식의 양극이 결합된 상태이고, 그런 사람들을 우리는 성인(聖人)이라고 부르지.

신이 인간에게 주고 싶었던 진짜 선물은,
육체의 성(性)을 통한 쾌락보다는,
의식의 성(聖)을 통한 쾌락이 아닐까?
신이 인간에게만 육체적 쾌락을
마음껏 누릴 수 있게 제한을 두지 않은 것은,
'지속적인 의식의 쾌락'이라는 선물을 찾을 수 있는 힌트를
우리에게 남기고 싶어서가 아닐까?

엄마의 추리는 여기까지야. 이제 너의 질문에 대해서는 너 스스로가 답을 할 수 있을 것이라고 믿는다. 인간임에도, 인간이므로 네가 추구하고자 하는 쾌락은 어떤 쾌락이니?

네 번째 기준은 소통이야.

요즘 성관계가 없는 섹스리스 부부들이 많아지면서 부부 관계가 건조해지고 있다는 말들이 많다. 성관계를 통해서만 도달할 수 있는 관계의 밀도는 확실히 다른 것 같아. 왜? 성관계는 가장 친밀한 형태의 소통 수단이니까.

성행위를 잘 보면 상대방을 느끼고, 탐험하고, 알아내고, 나의 전부를 주고, 너의 전부를 받아들이는 무언의 행위들이야. 우선 나 자신을 가리고 있던 옷을 벗는 행위는 너와 나의 물리적 경계를 허무는 의미야. 백 마디 말보다 힘이 강한 소통이 시작되는 행위. 너는 소통이 뭐라고 생각해?

엄마가 좋아하는 아나운서가 소통에 대해 강의를 하는 것을 들은 적이 있는데, 좀 충격이었어. 그 아나운서는 소통을 설명하면서 소와 큰 여물통을 그린대. 굉장히 뜬금 없지? 그런데 그 그림이 바로 누군가 "어떻게 그렇게 소통을 잘하세요?" 하는 질문에 대한 대답이래. 즉, **소**의 여물**통**이 되어 주는 것이 **소통**이라는 거야.

여물통은 어때? 소의 커다란 입과 혀가 수북한 풀을 훑어 삼키게 하기 위해 아주 크시? 그리고 여물통은 어디에 놓여 있어? 소 발 밑에 놓여 있지? 소통을 잘하기 위해서는 상대와 대등한 위치가 아니고 나를 상대방의 아래에 내려놓는 것이야. 그리고, 여물통

처럼 나의 크기가 엄청 커야 해. 즉 소통은 나의 크기를 크게 하고 내려놓아 상대를 받아 줌으로써 상대를 먹이는 행위였어. 이 이미지를 그려보는 순간 엄마가 갖고 있던 소통에 대한 개념이 완전히 박살 났어.

우리는 모든 것에 계산을 하잖아. 주는 것, 받는 것, 그리고 동등함과 공평함을 따져. 그런데, 소통에 대한 이 새로운 시점은 소통을 동등한 위치에 놓지 않아. 나를 아래에 일단 깔아. 조금 억울하지? 그런데, 생각해 보면, 여물통에 담겨 있는 것을 소는 다 먹잖아. 내가 깔아주고 받아 줌으로써 내가 먹이고 싶은 것을 다 먹이는 거야. 이게 어떻게 보면 '신뢰'더라. 동등도, 상하도 아니고, 무한 대 무한의 관계야. 신뢰로써 모든 것을 내어주니까, 신뢰로써 주는 것을 다 받아먹는 거야.

성관계에 이 소통의 관점을 갖고 와봐.

네가 모든 것을 내어주고 여물통이 되어서 소통하고 싶은 사람은 분명 네가 사랑하는 사람이지 어젯밤 클럽에서 만난 잘 모르는 사람은 아닐 거야.

**성은 결국은 네 위치를 낮추어 모든 것을 받아주고픈
사랑하는 사람과의 궁극의 소통이지,
줄 것 주고, 받을 것 받는 쾌락 놀이가 아니야.**

> *'사랑한다는 것은 그저 행동만 하면 되는 것이 아니라
> 존재를 완전히 바쳐야 하는 복합적인 행동이다* [14]*.'*

네 존재를 완전히 바치고 싶은 행위가 성행위로 연결되었을 때,
비로소 **동물로서의 성(性)은 인간으로서의 성(聖)이 되지 않을까.**
너의 모든 여물을 내주고 상대의 허기를 받아주고 싶은,
여물통이 되어 주고 싶은 사람을 네 인생에서 만나길 바라.

엄마가 다 늙어서 이렇게 성에 대해 고심할 날들이 올 줄을 몰랐다. 왜 잘 알지도 못하는 성에 대한 정신을 남겨주려고 했나 후회스럽던 많은 날이 지나가고, 몰라서 답답하고 조금 알아서 입술이 달싹거리던 순간들을 또 수없이 보내고 나니 계절이 바뀌었고, 하

---

14 아직도 가야 할 길, 모건스캇펙, 율리시스, 2025.

늘이 높아졌더라. 그리고 이제서야 엄마는 비로소 성을 물끄러미 바라볼 수 있게 되었어.

성이 너무 대단한 것으로 생각하지 말았으면 해. 많은 사람들이 성 문제로 갑자기 하늘이 꺼지고 세상이 멈추는 경험을 해. 하지만, 성은 우리를 통째로 집어삼킬 만큼 대단한 사상이 아니야. 인류의 존속을 유지하기 위해 결혼제도를 만들고 낭만적인 사랑과 연결 짓고, 성과 사랑을 동일시하여 성에 과도한 의미를 부여한 점을 엄마는 간과하고 싶지 않아. 우리는 성에 너무 많은 지위를 주었어. 성에 믿음의 증거이고, 관계의 열쇠이고, 사랑의 궁극이라는 무거운 역할을 주고서 낭만적 사랑에 대한 허상과 현실이 부딪치는 시점마다 굳이 우리가 성에 부여한 역할을 부여잡고 울어 재꼈다.

배우자 간의 믿음은 성을 통해서만 쌓는 것은 분명 아닌데, 한결같이 성을 상대에 대한 믿음의 척도로 여기며 믿음은 진작에 금이 갔는데도 필사적으로 사랑이라는 환상에 매달리다가 성 문제가 생기면 그제야 비로소 믿음이 깨졌다며 땅이 꺼져라 낙담하곤 해.

성이 무엇인지 골머리를 앓다가 한 발자국 멀리서 바라보니 성은 그저 기능이었어. 종족을 번식하게 하고, 쾌락을 주고, 소통을 하고, 교량[15]의 기능을 하는...

---

15 성은 육체의 결합을 통한 육체적 쾌락을 통해 의식의 결합을 통한 의식의 쾌락 상태 즉, 순수 의식 상태, 상위 수준의 의식 상태의 존재를 깨닫게 해주는 교량 역할을 하는 것이다.

아이야...
당부하건대,

성에 너무 많은 의미를 부여하지 말기를.
다만,
성으로부터 자연을, 자유를, 의식을, 소통을 배우기를.
쾌락과 기쁨은 분별있게 주고, 분별있게 주지 않기를.
성의 순기능과 역기능 새긴 너만의 가치관 부여잡고 살기를.
참인지 선인지 모를 때는 자유를 휘두르지 말고 구속하기를.
인간은 결코 수단이 아닌 목적이어야만 한다는 말 새기기를.

그것이 존귀한 너 자신과
궁극에는 모두 하나인
우리에게 할 수 있는
존재로서의 의무란다.

세상이 네 손에 쥐여준 황금사과

아이야,

엄마 품은 복잡한 곳이야. '적당함'을 찾아가야 하지. 관심과 간섭 사이, 사랑과 집착 사이, 애착과 의존 사이에서 '너와 엄마 사이'가 좌우되거든. 과하거나 모자라면 길이 서로 어긋나고, 헤아리고 살필 때 길이 이어지잖아. 반면에, 고요한 곳이기도 해. 언제든지 '살아 숨 쉼'을 느낄 수 있거든.

어느덧, 세월이 흘러 네가 엄마 품을 떠날 나이가 되니, 엄마는 다시 복잡해져. 왜냐하면, 좋은 엄마는 따뜻하고 대화가 잘 통하고 책임감이 강하면 되는 줄 알았거든, 너의 역할은 여물어가는데, 엄마의 자리는 완벽하지 않네. 여전히 빈틈이 많아. 그 틈을 메우려고 보니, 불쑥 엄마의 자리를 되돌아보게 되더라. 이제부터리도 엄마의 역할을 정돈하려 해.

더불어, 사회 속 'N분의 1'인 너에게 해줄 말이 있어.
너의 막중한 **역할**에 대해서야.

역할.
보통은 '자신이 해야 할 의무'라고 여기잖아.
그런데, 세상이 우리에게 부여한 것이 역할인 것 같거든.

역할은...
세상이 마련해주는 특별한 '지정석'이고,
세상이 선물하는 '날개옷'이자,
세상이 지시한 '의지적 언행'이야.

그러니까, 너는 세상이 '선물한 옷'을 입은 자리에서, 의지를 갖고
말하고 행동하면 되는 것이야. 역할은 너를 단단하고 바람직하게
바꿔줄 거야. 엄마도 그랬으니까.

'엄마'라는 역할은 결혼에서 시작됐어. '자유결정권'을 행사하고,
아내의 역할을 부여받았지. 행복 추구의 의무도 생겼어. 아빠와
할머니 그리고 너라는 '삼대' 안에서 세 가지의 임무를 갖게 되
었거든.

특히, 엄마라는 역할은 엄마를 변화시켰어. 'OO 엄마', 네 이름 뒤에 붙는 호칭은 가져보지 못한 '시간'과 해보지 않은 '선택'과 배우지 않은 '능력'과 발휘해 본 적 없는 '힘'으로 엄마를 행동하게끔 했지. 어른들은 아이 하나에 절절맨다면서, 육아를 대수롭지 않게 여겼지만, 엄마는 달랐어. 일거수일투족 집중했던 그때, '역할'이기에 진중했고, '의무'이기에 투철했단다. 그렇게 누군가를 무섭게 변화시키고, 없던 힘도 솟게 하는 것이 '역할'이야.

그때, 엄마는 '자발적' 엄마가 되기로 마음먹었지.
생명을 낳은 엄마가 아닌, 인격을 기르는 엄마로,
아이를 다그치는 엄마가 아닌, 자신을 다스리는 엄마로,
무작정 극성맞은 엄마가 아닌, 너와 호흡을 맞추는 엄마로,
자식에 희생하는 엄마가 아닌, 세상에 자립하는 엄마로,
정답을 떠먹이는 엄마가 아닌, 지혜를 보여주는 엄마로,

그렇게 '역할'은 큰 '힘'이 있어. 하지만 엄마는 그 힘을 잘 다루질 못했어. 알맞게 분배하지 못하고, 제대로 바라보지 못했단다. 네가 겨우 네 살이었는데, 엄마는 너의 기준을 높이 세웠어. 조기 학습이나 점잖음을 원했던 건 아니지만, 생각을 깊게 하기를 바랐었지. 동생이 태어났거든. 어느 땐 엄마가 둘 사이에 개입해서 의사 결정권이 약한 동생 편을 들거나, 실패에 관대해질까봐 너의 작은 성공에 일희일비했어. 너를 그냥 '형아'로 봤지, 한 인격체로 대하

지 못했던 거야.

너도 동생도 각각의 존재로, '가족 전체 안의 구성원'으로 봐야 하는 데 말이지. 기본을 무시하고, 기능을 몰아붙였어. 오직, '성장'이라는 명목 아래, 코를 막고 입으로만 숨을 쉬라는 격이었지. 그건, 모두에게 득이 되지 않았는데 말이야. '엄마'라는 역할로 '형아'라는 역할을 소유하고 지정하고 강요했던 것이야.

작은 역할 '형아'보다 큰 역할 '인격체'를 먼저 볼 줄 알았어야 해. 분배가 잘못되면 관계가 무너진다는 걸 알게 되었단다.

역할은 '힘의 분배'가 중요해.
엄마가 깨달은 건 내 역할만 잘하면 되는 게 아니라, '전체의 부분'으로써 역할을 바라봐야 하는 거였어. 역할을 잘 해내면 관계의 해독제가 되지만, 잘 해내지 못하면 독약이 될 수 있거든. 제대로 해내지 않은 한 사람 때문에, 작게는 나와 내 주변을, 크게는 세대 간에도 질서를 무너뜨리는 것이니까.

'제일 처음 창조를 명령한 자비로운 힘, 유전[1]'말이야. '유전'이라면 선천적인 경우만 떠오를 기야. 근데, 후천적으로 학습된 것이

---

1 성공의 문을 여는 마스터키. 찰스해낼, 현대지성, 2025.

후대에 계승된다는 이론이 있어. 바로, '후생유전학[2]'이지. 이 때문에, 가장 어렵지만 잘 해내고 싶은 '엄마'라는 역할을 '제대로 해야 할' 이유가 생긴 것이야.

결국, 역할도 유전돼.
후천적인 형질이 생물학적 형질로 전달되는지 궁금하니?
엄마의 의견보다 진화학자의 '기린목 이론'으로 이어가 볼게.

2백여 년 전, '찰스 다윈[3]'은 '역할도 유전된다'는 쪽이었어. 높은 곳에 달린 나뭇잎을 먹기 위해 발달한 목이 '먹이 경쟁'에서 유리하다고 했지. 또, 암컷이 새끼를 배고 키우느라, 많이 먹으려고 목이 길어질 수 있다고도 했어. 진화는 형질의 '전달'이 아니라, '변화'에 초점을 둔 거야. '의지'가 아닌, '생존'에 따른 것이었어. 결국, 환경에 불리하면 도태되고, 생존에 유리하면 역할은 유전된다는 것이야.

그래, 이렇게
환경에 따른 엄마의 역할이
너의 '정신과 신체에 기억'되어 계승되는 것이더구나.

---

2 후생 유전학의 핵심은 DNA 염기서열이 변하지 않아도 특정 형질이 나타나거나 발현되지 않을 수 있다는 점이다. 또한 특정한 세대에 출현한 형질이 다음 세대를 넘어 3세대 이하로 유전될 수 있다는 점도 알려주고 있다. The Science Times, 2021.
3 찰스로버트다윈 Charles Robert Darwin (1809~1882) 영국의 생물학자, 해군 비글호 탐험에 참여했다.

작고 약한 지금의 역할이
'더 강하고 유리하게 점진적'으로 진화되는 것이더라고.

엄마가 지금부터는 옛 껍질을 벗고, 다시 태어나야겠어. 역할을 분별 있게 해내고, 더욱 성숙한 엄마가 될 거야. 사회적인 업으로는 '책임의 깃발'을 들고, 가족의 일원으로는 '수용의 깃발'을 들고, 한 개인으로는 '변화의 깃발'을 드는 엄마로 말이야.

청년이 된 아이야, 네게는 엄마의 어떤 면이 유전되었을까? 감각적인 것, 말보다는 행동이 먼저인 것, 새로운 것을 두려워하지 않는 것, 뭐 이런 면이면 좋겠는데. 네 생각은 어떤지 궁금하구나. 엄마의 '힘' 있는 형질이 네게 유리하도록 전해지고 있겠지?

반면, 유전되지 말아야 할 것도 있을 거야. 그건, 네가 지금부터 스스로 끊어내길 바란다. 혹시라도 유전자가 전해졌다면, 네가 '좋은' 유전자로 새롭게 바꾸어서, 주체적인 유전자의 '첫' 세대가 되어 가길 바라. 그게 무엇이든, 네가 키워나갈 수 있고, 지켜나갈 수 있고, 이어 나갈 수 있는 생존 전략이 되었으면 한단다.

역할은 너를 '더 높은 곳', 네가 바라는 곳으로 날게끔 하는 '날개옷'이잖아. 엄마에게서 유전된 것 중 네게 유리한 것만 지니고 날아라. 그렇게 멀리, 후대에까지 아우를 수 있는 '초월의 힘'으로 날아. 너의 경험으로 채워진 날갯짓 하나하나가 너를 원하는 곳에 다다르게 할 거야.

그것이 **'역할의 가치'**란다.

30조의 세포가 모여 너를 이루듯, 역할은 네 삶을 구성하는 하나하나의 세포야. 아들, 학생, 군인, 손자라는 역할들이 너의 '정체'로 대변되는 거야. 연결되어 영향을 주고받고 관계를 맺으며 줄기처럼 뻗어나간 것이지. 너 자신의 '의미'를 표현해 내려고 말이야. 그렇게 해서, 원하는 이야기가 만들어지고, 네 역사가 되는 거야. 어떻게 역할 하느냐에 따라 암흑기냐, 황금기냐가 정해지는 것이잖아. 역사를 만드는 '주체'로서의 큰 가치인 거지.

역할에 가치가 담기면, 너의 '현재'가 보인단다!

현재를 직시하고 부족한 능력을 키워갈 수 있어.

'기능을 잘하는 사람'이 되는 것이지.

'팔방미인'. 여러모로 능력이 뛰어난 사람이야. 엄마는 이런 사람이 멋져 보였어. 공부면 공부, 춤이면 춤, 리더십이면 리더십. 인간관계면 인간관계, 다 잘해. 의무에 충실하고, 하는 일마다 뛰어나. 요즘 말하는 '육각형 인간'이지. 완벽해지고 싶은 심리를 반영한 말이거든. 성격, 외모, 학벌, 집안, 직업, 자산! 여섯 가지 모든 기준이 부족함 없는 '인간상'이야. 하나를 제대로 함으로써, 에너지가 커지고 뻗어나간 것이지. 엄마가 보기에 하나를 잘하는 사람은 다 잘하더라. 팔방미인은 다양한 경험을 쌓아서 성장하고 싶어 해, 내면의 감각에 순응하고, 역할의 밀도를 높이지. 역할로서 주어진 수준보다 기능이 훨씬 뛰어난 사람인 거야.

하지만 팔방미인이라도 역할이 기대하는 수준보다 기능적으로 못 미치는 때도 있어. 이것저것 다 잘하는데 딱히 두드러지는 한 가지가 없는 사람. 그런 사람은 역할만 많아서 공적, 사적으로 바빠. 우리는 그럴 때 '공사다망'하다고 하잖아. 얼핏, 활기차고 명예롭고 사회생활을 잘하는 것처럼 오해할 수 있어. 인맥이 넓어서 다채롭게 활동하는 걸로 보이기도 해. 하지만, 들여다보면 '능력자'가 아니야. '공사다망한 사람'은 자기 판단을 외부의 기대나 평가에 맡긴 사람이거든.

능력보다 지나치게 활동하는 무분별한 사람. 일의 '우선순위'를 모르는 무지한 사람, 자기 기준으로만 세상을 바라보는 융통성 없는 사람인 경우가 많아. '성장'의 산물로 착각하지만, 벌여놓은 일에 대응하느라 급급할 뿐인 거야. 결론은, 정신적으로 미성숙한 사람이 '공사다망'할 확률이 높아.

따라서, 기능하는 인간은 두 가지 유형이야. 역할보다 기능이 뛰어난 '팔방미인'과 팔방미인이면서 자신의 기능이 역할보다 모자란 '공사다망한 사람'.

둘의 차이점은 무엇일까?

'에너지'야.

부분으로부터의 에너지는 흩어지거나 모이는 것이니까.

아이야,

어느 하나도 제대로 못 하는 거랑

하나를 잘해서 모두를 잘하는 거랑

무엇을 선택하겠니?

열 개의 매듭을 풀었다 묶었다 할래,

하나의 매듭을 잘 묶어서 넓고 길게 펼쳐나갈래.

성공한 사람들은 하나의 역할에 집중하라고 말해.

그렇게 하나에 집중하는 걸, 우리는 단순한 하나, '원씽(One thing)[4]'이라고 한단다. '초집중[5]'이라고도 하지. 하나에 초집중하여 전체의 에너지를 상승시킨다는 의미란다. 아이야, 너의 에너지를 여러 군데 쪼개 쓰겠니. 하나의 에너지를 초집중해서 전체 시너지를 올리겠니.

4 원씽, 게리켈러, 제이파파산, 비즈니스북스, 2013.
5 초집중, 니르이얄, 줄리리, 안드로메디안, 2020.

엄마가 말하고 싶은 건 '전체 속의 부분'을 소홀하지 말라는 것이야. '큰' 역할로써, '보는 눈'을 가지고 하나를 잘해내라는 것이지. 한 번을 입어도 날개옷을 제대로 입어봐야 해. 한 번을 날아도 제대로 날아 봐야 한다는 말이야.

> '인체를 구성하는 모든 세포 의식은
> 각기 정체성을 유지하면서도 전체적인 구조를 이루는 데에
> 기꺼이 협조하고 있는 것이다[6].'

역할은 네 의지에 따라 선택할 수 없는 비자발적인 것과 선택할 수 있는 자발적인 것이 있어. '자식으로 태어난 것', '군인', '남녀'는 비자발적인 역할이야. 선택할 수 없어. 혹여, '학생', '부모'라는 역할이 비자발적이라고 여기니? 아니야. 학교에 다니지 않는 선택, 부모가 되지 않는 선택도 있어. 그러니까, 의지'가 첨가되어야 자발적이라 할 수 있지. 가만 보니, 넌 비자발적인 역할과 자발적인 역할 모두를 해내고 있었구나.

그런데, 최근에는 자발적인 역할을 포기하는 경우가 많아졌어. 권리를 다 포기하는 것이지. 'N포 세대'. 경제적, 사회적 어려움을 이유로 결혼도 안 하고, 아이도 안 낳고, 직장도 포기하는 세대.

---

6 육체가 없지만 나는 이 책을 쓴다, 제인로버츠, 도솔, 2000.

그건, 세포에서 줄기로 이어지는
'책임'과 '수용'과 '변화'를 마다하는 것 아닐까,
'자유'와 '계산'과 '편향'을 앞세운 것 아니겠니.
생존을 포기한 거나 마찬가지잖아.

'자기보존과 종족 번식이야말로 조물주가 모든 동물들을 창조할 때, 계획한 것으로 보이는 가장 큰 목적[7]'인데 말이야. 지금의 청년들은 삶의 한 부분이 미작동되더라도 불편하지 않은가 봐. 몸이 불균형해도 무덤덤하고, 한정된 쓸모여도 삶이 달라지지 않는다고 여기나 봐. '시작 안 하면 그만이지'라고 한다면, 다소 무책임한 것도 같아.

시작은 의지에 달려 있어.
역할은 자신의 '자유결정권'에 달렸지.

무엇보다 기억해야 할 것은,
역할 앞에는 '선택'이, 역할 뒤에는 반드시 '책임'이 따라야 해.
선택이 있어야만 이야기와 역사가 시작되잖아.
이야기가 되려면 반드시 '사건의 실마리'가 필요하거든.
의지가 반영되는 실마리.

---

7 도덕감정론, 애덤스미스, 비봉출판사, 1996.

아이야,

너와 읽었던 책이 떠올랐어. 선녀와 나무꾼 말이야. 엄마는 거기서, 주인공이 아닌데도 이야기를 끌고 가는 사슴에 주목했어. 주인공의 역사는 '날개옷'에서 시작되었잖아. 사슴이 자발적인 역할을 할 때마다 '사건의 실마리'가 만들어졌거든. 이야기 전체로 보면, 사슴 역할이 막중했던 것이지.

막중하다는 건, 중요해서 쓸모가 있다는 뜻이겠지.
막중한 역할은 영속적으로 존재하게 되고, 사라지지 않는 거잖아.

삶에서도 그렇지 않니? 자식, 형제, 손자 손녀 모두 다 '중요한' 역할임은 틀림없어. 삶의 조각인 하나하나의 역할은 삶의 '복선'이 될 수 있어. 실마리를 던져주는 사슴의 역할처럼 말이야. 그러니, 어떤 역할이든 밀도 있게 해내야 해. 하지만, 역할마다 잘 이해하고, 집중하고, 연결해 내기가 생각만큼 쉽지 않아. 우리에게는 많은 역할이 부여되어 있으니까.

역할을 어떻게 기능하느냐에 따라 네 삶의 '질'은 달라진단다. 결국, **삶은 '역할'과 싸워야 하는 전투야.** 의지 없이 참여했다가는 지고 마는 전투. 그러니까 자발적으로 역할을 해내는 게 중요한 것이지.

자발적인 역할을 잘하는 방법.
엄마가 말해주고 싶은 건 세 가지야.

첫째, 생색나지 않는 역할을 잘 해내.

'내가 이거 하려고 힘들게 공부한 줄 알아?'
'여기 들어오려고 얼마나 고생했는데'
'이까짓 거 안 한다고 달라질 게 있겠어?'

한 번이라도 이 말을 해본 적 있다면, 그 역할은 남들에게 드러나지 않는 역할임이 분명해. 거꾸로, 넌 역할을 통해, 사람들의 '눈에 띄길' 바라는 게 틀림없지. 그런데도, 생색나지 않는 역할을 해야 하는 이유가 있어. 할 수 없을 만큼 네 환경이 불리했다면 역할은 너에게 가지 않았을 거야. 그 역할이 네게 왔다는 건 충분히 해낼 수 있는 '적임자'이기 때문이야. 생색나지 않는 역할을 하찮게 여기면 안 돼. 남들이 보지 않는 역할이라고 대충해서도 안 되지.

실제로 이런 예가 있어. 회사에서 상사들이 어느 사원에게 서류 복사를 부탁했대. 한두 번이 아니라 계속! 사원은 묵묵히 복사만 했대. '내가 복사하려고 여기 들어온 줄 알아?' 다른 사람 같으면 이렇게 불만을 품을 만도 한데, 이 사원은 최선을 다했대. 아주 철저하게 너무 잘 해낸 거지. 마침내, 상사들은 '저 친구한테는 뭘 맡겨도 제대로 할 거야'라며, 그를 신뢰하게 됐어. '태도'를 높이 평가한 것이지. 그래서, 남들보다 승진도 빨랐다는 거야. 훗날, 그 사원이 창업했을 때, 많은 사람이 그와 손을 잡게 되었다는 이야기야. 이 사원은 이름만 대면 알만한 중소기업의 회장님이 됐대.

맡은 역할에 '충실한' 사람은 생색나지 않는 역할도 잘 해내. 생색나지 않는 역할을 '하기 싫어하는' 사람은 자신의 기본 소임을 '게을리하는' 사람이야. 누군가가 하겠지 하고 미루기보다는 서슴없이 하는 사람이 능력 있는 사람이지. 생색나지 않는 역할을 해낸다는 건 미지의 가능성과 대면하는 거야. 제대로 역할을 해내면, 반드시 너에게 큰 역할이 올 거거든.

둘째, 틈새 역할을 관통해 봐.

입시 후 대학교에 입학하기 전, 휴학 후 입대하기 전, 이직을 앞두고 출근하기 전. 엄마는 그때를 '틈새'라고 부를게. 누구를 대신하거나 우연히, 잠깐 맡게 되는 역할을 '틈새 역할'이라고 하고 말이야. 틈새 역할은 신이 네 능력을 시험하기 위해 주는 기회야. 너는 역할의 주인임을 증명하면 되는 것이지. 우연히 잠깐 시작한 일이 평생 직업이 되기도 하거든. 그러니, 대충 하지 말고, '재봉사의 바늘[8]'처럼 틈새 역할에 관통해 봐. 관통은 '제대로' 꿰라는 말이잖

---

8 강철의지, 오리슨스웨트마든, 오늘의책, 2010.

니. 틈새가 짧든 길든, 제대로 끝맺으라는 뜻이지.

에너지의 빈틈, 시간의 빈틈, 기회의 빈틈!
틈새 역할은 너의 빈틈을 채울 수 있는 기회야. 인생에서의 '역할'은 '놀이'가 아니란다. 잠깐 경험해 본 데에 만족해서는 안 돼.

바닷가에서 바닷물과 맞닿은 모래가 '바다의 부분'인 것처럼, 사회에서 틈새 역할은 너를 '사회의 부분'인 구성원으로 다져갈 거야. 바닷물과 가장 가까운 모래는 늘 젖어 있어. 언제든 사회라는 파도에 융화될 수 있게 너의 틈새 역할을 잘 활용하렴. 세상이라는 넓은 바다에서 네가 태어날 때부터 키워온 모래톱이 분명 드러날 거야.

셋째, **지금 너의 역할에 길들지 마라.**

무리 속의 하나가 되고 싶다면, 역할에 길들어도 돼. 부분에 만족해도 괜찮다면 그냥 머무르면 돼. 사회의 N분의 1로 애쓰기를 포기한다면, 타성에 젖는 것도 나쁘지 않아. 역할에 길들면 사람들은 타성에 빠지거든. 타성은 머리로 계산할 때 밀려드는 습성이잖아. 너는 어떠니? '생각의 틀'에 갇혀 변화 없이 산다면? 그렇게, 간절함을 외면하고 기회도, 새로운 일도 포기하겠니? 하나의 역할에 길들여지고 싶지 않다고? 그럼, 날개옷을 갈아입어라.

생각해 보렴. 아까 그 사원이 복사하는 역할에만 길들었다면 어땠을까? 당연히, 좋은 기회를 놓쳤을 거야. 자신을 키울 생각도 못 했을 것이고, 새로운 길도 꿈꾸지 않았겠지.

우리의 발바닥은 신체의 무게로 늘 거친 접촉에 길들어 있어. 하지만, 걸어갈 때 거친 접촉을 거의 느끼지 못하잖아. 그냥 '걷는다'라는 역할만 하게 돼. 너는 타성에 빠지지 말고, 새로운 감각을 느껴봐야 해. 발바닥을 간지럽힐 만한 새로운 자극[9] 말이야.

생색나지 않는 역할은 너에게 '태도'를 가르쳐주는 기회야. 틈새 역할은 새로운 기회와 연계되어, 다른 역할을 반드시 견인하지. '작은' 계기가 사람의 삶을 '크게' 바꾸는 거야.

> '큰 것은 작은 것으로부터 나오고,
> 많은 것은 적은 것으로부터 나온다.
> 어려운 일을 해결하려면 쉬울 때 해야 하고,
> 큰일은 미세한 것부터 해야 한다.
> 천하의 어려운 일은 쉬울 때 처리하고,
> 천하의 대사는 반드시 미세한 곳부터 시작한다[10].'

---

9 방법서설, 르네데카르트, 동서문화사, 2016. '인간의 발바닥은 그것이 받치고 있는 신체의 무게로 상당히 거친 접촉에 길들어 있기 때문에 우리는 걸어갈 때 접촉을 거의 느끼지 않지만, 오히려 발을 간질일 때의 훨씬 약하고 부드러운 접촉은 우리에게 있어서 보통의 일이 아니므로'를 필자가 변용하였다.
10 도덕경, 노자, 현대지성, 2019.

엄마가 '역할'에 관해서 공부하고, 네게 해주고 싶은 말이 있어,
역할로서, 네 필모그래피를 만들어.

네게 부여된 모든 '역할'은 독립적이면서, 연속적으로 이어진단다. 때마다 경험의 서랍을 채우고, 네 이야기를 엮어 가렴. 특별한 역사를 만들어가. '실패'는 성공하지 못한 게 아니야. 해보지 않고 배우지 않고 발휘하지 않는 '태도'가 실패인 거야. 완벽한 역할을 기다리느라, 완벽해져서 역할을 수용하려다 작은 역할을 지나치는 것은 날개옷을 방치하는 것과 마찬가지야. 반짝이지 않아도 날개옷을 입어야 높이 날아오를 수 있어.

인생은 현재의 모습으로만 박수받는 게 아니거든, 힘들고 하찮고 어려운 시간에 더 큰 갈채를 받는단다. 스스로 밝히는 빛은 네 의지를 담을수록 밝아지는 거야. 잔여 전류로 빛을 내다가 터지는 전등처럼 역할의 소임을 다해보렴. 너의 경험과 경력으로 단단하고 강인한 필모그래피를 만들어가렴.

아이야,
너는 역할을 통해 세상과 연결되어 있어.
적임자가 될 하나하나의 역할이 연결되어
'너'라는 한 사람의 정체성이 창작되는 거야.
너의 삶이 창조되지.

삶의 곳곳에서
주어진 역할을 이해하렴.
집중하고 밀도를 높이렴.
'열심'의 양을 쌓으렴.

청년이 된 아이야!
네 틈새는 어떤 역할로 채워가겠니?
네게 오는 역할에 어떤 가치를 심어 보겠니?
어떤 역할의 날개옷을 입어보겠니?.
'의지'와 '의욕'을 담아 '의미'를 창출하렴.
재봉사의 바늘처럼 역할을 관통하여, 하나하나의 매듭을 지으렴.
그렇게 너의 황금기를 만들어가렴.

역할은,
시작점마다 너에게 '태도'를 가르쳐주는 기회란다.
전환점마다 '보는 눈'을 키울 수 있는 기회란다.
연결점마다 너만의 필모그래피로 세상에 널 세울 기회이고!

> *'시원하고 부드러운 과피를 자랑하는*
> *살 익은 황금사과가 내 손에 주어지듯,*
> *세계는 이렇게 내게 주어져 있었다[11].'*

---

11 차라투스트라는 이렇게 말했다, 프리드리히빌헬름니체, 민음사, 2004.

꽃처럼 해라

이루고 싶은 것이 있다면, 꽃처럼 해라

사실, 꽃은 속임수란다

예쁜 빛깔로, 향기로, 하늘하늘 여림으로, 여린 외모로

자기 씨앗을 만들기 위해 속내를 숨기며 꾸민 화장이란다

이루고 싶은 것이 있다면, 꽃처럼 해라

사실, 꽃은 정성이란다

칙칙한 땅속의 무기질을 모아

햇살에 잘 버무려, 빛, 향, 자태를 빚어낸단다

이루고 싶은 것이 있다면, 꽃처럼 해라

사실, 꽃은 허상이란다

수정이 끝나면 향은 퀴퀴하고, 색은 바래고, 모양도 녹아져

사랑과 추억과 찬사를 모두 버리고 떠나간단다

살면서 이루고 싶은 한 가지가 있다면

네 삶의 절실한 꿈으로 띄워

찬란한 꽃으로 피어나라

마침내 씨앗으로 남는 진짜를 위해

흙의 마음으로 모으고

지금, 이 순간 향기로 버무려라

꽃은 져도 설렘은 남는다

내년 봄을 기다리는 하염없는 마음은

씨앗을 모아 겨울을 품는다

다시 봄이 오면 정성스레 묻는다

꽃은 그렇게 마음마저 사로잡아

자신의 존재를 이루어낸다

엄마랑 바둑 한판, 어때?

한 판의 바둑이 인생을 바꿀 수 있을까?

결론부터 말하자면 가능하단다.

바둑계의 두 전설 조훈현과 이창호의 이야기를 다룬 영화 알지?

스승과 제자 사이였던 두 사람이 나중에 맞수가 되어서 만났잖아.

잘 모르는 엄마가 봐도 두 사람의 바둑 스타일이 너무 다르더라.

조훈현은 빠른 공격으로 상대를 몰아붙이고, 이창호는 차분히 방

어하다가 마지막 끝내기에서 반집 차 승부를 내는데, 와, 몹시 스

릴 넘치고 짜릿했어.

똑같은 바둑판을 두고도 경기의 흐름을 보는 '시선(視線)'이 다르

니까 전혀 다른 결과가 펼쳐졌어. 그래서 엄마는 궁금했지. '저 긴

박한 순간을 판단하는 미세한 시선의 차이는 과연 어디서 나오는 걸까?'

우선 '시선'이란 눈이 가는 길, 눈이 머무는 방향을 말해. 날카로운 시선이라고 말하잖아, 봐야 할 곳을 명확하게 볼 줄 안다는 뜻이지. 이 말은 어느 지점을 봐야 할지 기준이 있다는 의미이고 우리는 이를 '관점(觀點)'이라고 해. 분별력 있는 관점으로 관찰할 때 남들과 다른 특별한 너만의 시선이 되지. 그렇다면 관점을 바꾸면 시선이 달라지겠지?

시선과 관점의 관계를 알았다면 오늘 엄마와 바둑 한 판 두자.
이름하여 **관점 바둑**!
자, 이제 돌을 집어.
그런데 흰 돌과 검은 돌이 아니라 **'관점의 돌'**이야.

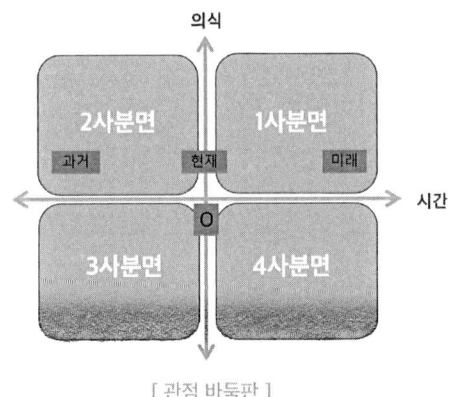

[관점 바둑판]

흥미진진한 이 바둑의 원리부터 설명할게. 우선 네 머릿속에 바둑판을 그려봐. 가로축은 '시간'의 선, 세로축은 '의식'의 선이야. 한가운데는 영점(O)에 있어. 현재를 의미하지. 게임은 여기서부터 시작된단다.

가로축부터 살펴볼게. 네가 과거를 중요시한다면 영점(O)보다 왼쪽에, 미래를 중요시한다면 오른쪽에 돌을 두면 되겠지. 세로축은 조금 까다롭단다. 아주 낮은 단계의 인식으로부터 높은 단계의 의식 사이는 촘촘하게 세분화되어 있어. 오른쪽 그림, 의식지도[1]를 보면, 가운데 영점, 용기와 자부심이 만나는 곳으로부터 위쪽으로 높은 의식이, 아래쪽으로 낮은 의식과 인식이 있단다. 인식이 과거의 경험, 관성화된 사고 패턴이라면 의식은 말 그대로 열린 사고를 의미해.

이렇게 가로축과 세로축을 만드니 그림처럼 4개의 사분면이 생기지? 이것이 우리가 매일 머릿속으로 하는 사고(思考)가 오가는 영역이야.

관점 바둑은 특이한 게 늘 초보와 고수가 맞수가 된단다.
매일 아침 눈을 뜨는 순간 새로운 하루를 시작한 '초보의 나'와, 과거부터 어제까지 같은 행동을 반복하며 나름 '삶을 안다는 고수의

---

1 의식지도 : 미국의 정신과의사 데이비드 호킨스 박사는 인간의 의식을 1에서 1000까지 수치회한 '의식지도'를 발표했다(의식 혁명, 데이비드호킨스, 판미동, 2011).

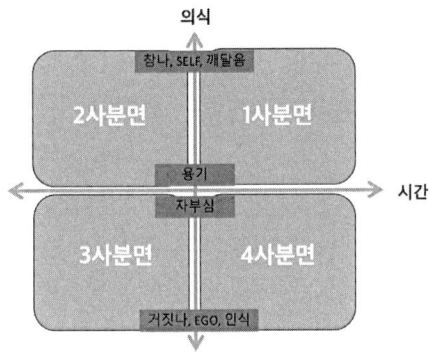

[관점 바둑판]

신에 대한 관점	사기에 대한 관점	수준	로그	감정	과정
참나	있음	깨달음	700-1000	형언할 수 없는	순수 의식
전존재	완벽한	평화	600	지복	빛비춤
하나	완전한	기쁨	540	평온	변모
사랑하는	온건한	사랑	500	경외	드러남
현명한	의미 있는	이성	400	이해	추상
너그러운	조화로운	수용	350	용서	초월
영감을 주는	희망적인	자발성	310	낙관주의	의도
할 수 있게 해주는	만족스러운	중립	250	신뢰	풀려남
허락하는	실행할 수 있는	용기	200	긍정	힘의 부여
무관심한	요구가 많은	자부심	175	경멸	팽창
복수심을 품은	적대하는	분노	150	미움	공격
부정하는	실망스러운	욕망	125	갈망	노예화
벌하는	겁나는	두려움	100	불안	위축
냉담한	비극적인	슬픔	75	후회	낙담
선고하는	희망 없는	무감정, 증오	50	절망	포기
보복하는	악	죄책감	30	비난	파괴
멸시하는	가증스러운	수치심	20	치욕	제거

〈 의식지도 〉

나'가 맞붙어. 초보는 새로운 시선으로 세상을 보려 하고, 고수는 어제의 경험이라는 무기를 가지고 있지.

초보와 고수의 대결, 누가 이기길 바라니? 엄마는 매일 초보만 응원해. 미래의 새로움을 향해서 돌을 두는 초보가 과거의 습관에 갇힌 고수를 이기길 바래, 아니 이겨야 해. 그래야 더 넓고 새로운 관점을 가진 자가 승리하니까. 오래된 경험보다는 깨어 있는 의식이 더 강한 한 수란다. 잊지 마, 매일 새로운 하루를 시작하는 매일의 초보가 매일의 고수를 이길 수 있다는 사실을!

이렇게 1사분면으로 먼저 관점을 이동시킨 사람이 승리자야. 하지만 져도 괜찮아. 이 바둑은 언제든 새로 시작할 수 있어. 아침이든 밤이든, 비가 오든 안 오든, 지금 네가 시작하도록 마음먹는 그 순간, 새로운 게임은 시작돼.

자, 이제 본격적으로 '관점 바둑'을 시작하자. 네 삶을 바꿀 신의 한 수를 상상하면서 일단 아래에 관점 바둑을 움직이는 법칙들을 준비했어.

착점(着點)[2]의 법칙: 시간의 선과 의식의 선이 만나는 교차점에 돌을 둔다.
다수유퇴(多手有退)의 법칙: 한 번 둔 돌도 필요하면 옮길 수 있다.

---

2 착점 : 바둑판에 바둑돌을 놓는 행위 (네이버 사전).

아인슈타인 선물의 법칙: 돌이 놓인 곳 주변으로 사람, 사건, 기회가 몰려온다.
보상의 법칙: 관점 바둑에서 승리할 때마다 새로운 인생이 열린다

며칠 전 네가 시험 기간에 했던 말 기억해? "지난주에 공부를 안 해서(과거) 지금 벼락치기 중이야(현재)."라고. 시점이 과거에 있으니까 가로축의 왼쪽에 돌을 놓아야겠지. 여기서 중요한 건 의식이 어디를 바라보고 있느냐야. 반성만 하면서 '아, 나 진짜 왜 그랬지?' 한다면 그건 낮은 의식, 3사분면이야. '그래, 이번엔 다르게 해보자. 지금부터 계획 세우고 공부 시작해야겠다.'라고 마음먹는다면 그건 높은 의식, 2사분면이지.

그리고 이렇게 말하기도 했어. "내일 시험이 있어서(미래) 오늘은 친구를 안 만나(현재)." 이 경우에는 시점이 미래에 있으니까 가로축의 오른쪽에 돌이 놓이겠지? 그런데 만약 내일 시험이 있는 걸 알면서도 공부 안 하고, 과거와 똑같이 행동한다면? 그건 바로 4사분면의 관점이야, 욕망은 있지만 의식이 낮은. 반대로 '나는 내일 원하는 결과를 얻을 거야'라며 미래의 나를 믿는다면, 그 순간 너는 책을 펼치고 공부를 시작할거야. 아마도 그때 관점의 돌은 1사분면에서 반짝거리고 있겠지.

한 가지 중요한 사실을 짚고 넘어갈게. 과거든 미래든 결국 행동이 '지금'을 결정짓는다는 것! 과거는 이미 지나갔잖아. 되돌릴 수

없어. 그래서 거기에 머무르면 지금을 바꾸기 힘들어. '그땐 그랬으니까' 이런 생각이 발목을 잡는 경우가 진짜 많단다.

그리고 미래에서 지금을 바라보면 마음이 달라져. '나는 1년 뒤 건강한 사람이야.'라고 믿으면, 지금 너는 당장 운동화를 신고 밖으로 나갈 거야. '나는 내년에 00대학교 학생이야.'라고 선언하면, 지금 너는 망설임 없이 책상 앞에 앉게 되지. 엄마도 그랬어. "나는 '엄마의 유산'이라는 책을 쓰는 작가야."라고 선포하고 10개월째 인문학 공부와 글쓰기를 계속하고 있어. 모두 미래에서 현재를 바라보는 관점 덕분이지.

혹시 '일수불퇴(一手不退)'라는 말 들어봤어? 바둑에서는 한 번 놓은 수는 다시 거둘 수 없다는 뜻이야. 근데 관점 바둑은 달라. 관점은 마음껏 옮겨도 돼. 앞서 말한 관점의 제 2법칙, 다수유퇴에 따라서, 과거 그리고 낮은 의식에 묶여 있다는 걸 깨달았다면 미련 갖지 말고 그냥 옮기면 돼. 그게 바로 관점의 확장이지.

우리는 관점의 돌을 둔 곳에 정신과 행동의 에너지를 집중시킨단다. 에너지가 몰리면 무슨 일이 생기냐고? 아인슈타인은 특수 상대성 이론[3]에서 에너지가 질량으로 바뀌고, 질량은 에너지로 변환될 수 있다고 강조했거든. 에너지가 쌓일수록 질량이 점점 커지

---

3 특수 상대성 이론에서 아인슈타인이 제시한 에너지(E)와 질량(m), 광속(c) 사이의 관계. $E = mc^2$. 에너지(E)가 질량(m)에 광속(c)의 제곱을 곱한 것과 같다는 의미.

면서 바둑판 공간을 살짝 움푹하게 만들어. 트램펄린 위에 볼링 공을 올린 것처럼 말이야. 관점 주위가 아래로 꺼지면 주변의 에너지들도 자연스럽게 그쪽으로 쏠리게 돼. 네가 어떤 관점을 가지고 생각하고 행동하느냐에 따라, 비슷한 사람들과 사건들이 너에게 끌려오게 되지. 이 놀라운 현상이 바로 '아인슈타인 선물의 법칙'이야.

그래서 과거에 시선을 고정하고 후회 속에 머무는 사람은 비슷한 기운을 가진 사람들을 끌어당기게 돼. 반대로, 미래를 바라보며 의식을 높이는 사람은 가능성과 성장을 이야기하는 사람들을 자연스레 곁에 두게 되지. 결국 바둑판 위에 돌을 어디에 두느냐에 따라 네 곁으로 모여드는 사람과 사건, 그리고 기회가 달라지는 거야.

아이야, 이런 관점을 너무 추상적이라 터부시하면 안된단다. 과거 수천 년 전 에피쿠로스, 루크레티우스로부터 2천여 년이 지나 아인슈타인에 의해 증명된 과학이란다.

그러니 **남들이 보이지 않는 에너지를 의심할 때**
넌 언제나 믿어라.
깨어 있어라.
그렇게 성장하는 에너지로 관점을 옮겨라.

물론 관점 이동은 관성을 거스르는 힘겨움을 동반하지. 바둑판 위의 돌 하나, 그건 단순한 돌이 아니니까. 그 돌을 옮기는 순간, 생각이 움직이고, 행동이 달라지고, 결국 삶의 방향이 바뀌게 되거든. 작은 한 수가 하루를 바꾸고, 하루가 쌓여 인생의 판을 새롭게 그려 가지. 그게 바로 지혜로 가는 길 위에서 네가 두는 한 수, '현석(賢石[4])'이란다.

자, 이제 관점을 옮기는 일을 실천할 차례야. 과거와 미래, 낮은 의식과 높은 의식이 서로 교차하며 만들어내는 4개의 사분면에서, 우리가 어느 영역에 있는지 자각할 수 있는 방법을 알아보자.

2사분면 – 오류의 관점
이곳은 의식이 높고 열려 있지만, 시선은 과거에 묶인 자리야.
여기 사람들은 꿈이 커. 하지만 미래의 가능성을 지금의 이성으로, 새로운 길을 과거의 경험으로 판단하지. 아이야, 생각해 봐. 어떻게 미래에 가보지 않은 길을 과거의 경험으로 판단할 수 있겠니? 그러니까 판단에서 자꾸 오류가 나는 거야. 오류, 오류... 오류의 연속이야. 그들은 오류의 감옥에 갇혀 있어!

"저렇게 되고 싶은데 나는 이래서 안 되고, 저래서 안 돼"
"앞으로 잘 될 거라구? 해보나 마나 결국 다 거기서 거기야."

---

4 현석(賢石) : 지혜를 바탕으로 세상을 단단히 지탱하는 사람을 일컫는 비유.

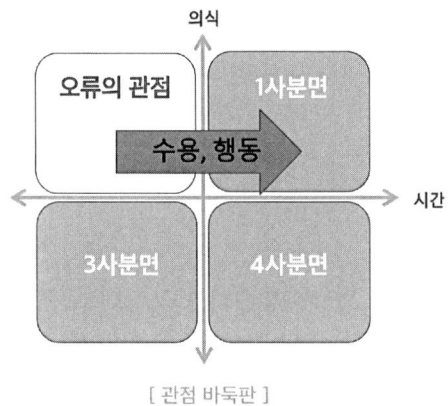

[관점 바둑판]

"이론은 좋은데, 해봤어? 실제로는 절대 그렇게 안 될걸."
"현실은 그렇게 만만하지 않아, 결국 세상은 바뀌지 않아."
"나도 해보고 싶은 마음은 있는데, 내 능력이 미치지 않아."

미래는 차단되고 현재는 과거에 의해 발목 잡혀 있어. 아는 것
도 많고 하고 싶은 것도 많지만, 정작 행동으로 이어지지 않아.
'노잉-두잉 갭(Knowing-Doing Gap[5])'이 여기서 두드러지게
나타난단다. 아는 것과 하는 것의 갭은 꿈과 현실의 갭으로 이어
지고 그래서 굉장히 쉽게 포기하지. 자주 '생각대로 되지 않네.'라
는 말, 즉 오류를 입에 달고 사는 이들은 고통스러울거야. 그래서
2사분면은 **'오류의 관점'**이야.

---

5 왜 지식경영에 실패하는가?, 제프리페퍼R.I.서튼, 지샘, 2002.

'어떤 외적인 일로 네가 고통을 받는다면,

네게 고통을 주는 것은 그 외적인 일 때문이 아니라

그 일에 대한 네 자신의 판단 때문이기 때문에,

너는 즉시 그 판단을 멈춤으로써 고통을 없앨 수 있다[6].'

하지만 걱정하지 마. 2사분면은 쉽게 벗어날 수 있어. 일단 판단하지 말아라! 아인슈타인이 또 가르쳐준 것이 있잖니? '다른 결과를 원하면서 같은 행동을 하는 사람은 정신병자(insanity)'라고. 그러니 판단을 멈추고 '미래의 가능성'을 수용해라. 과거의 경험이 아니라, 감각과 호기심으로 미래를 바라보는 힘을 길러야 해. 판단 대신 수용으로, 포기 대신 실제 행동으로 시간을 쌓아라. 그러다 보면 노잉과 두잉의 갭이 줄고, 꿈과 현실의 갭도 그와 함께 줄어들지. 그렇게 믿는 마음이 자라게 되면, 조금씩 너는 1사분면으로 옮겨가게 될 거야.

3사분면 – 아둔의 관점
과거에 머물면서 생각까지 꽉 막힌 사람들이 여기에 있어. 아, 말만 들어도 답답하지?

이런 사람들에게 미래는 보이지 않는 허상이야. 명확하지 않으니 비합리적 세계이고. 그들은 자신의 인식을 바탕으로 일이 안 되

---

6 명상록, 마르쿠스아우렐리우스, 현대지성, 2018.

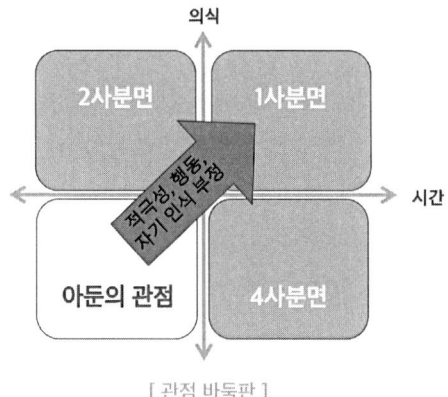

[관점 바둑판]

는 이유를 따지는 경향이 있어. 굉장히 이성적으로 보여서 상당히
똑똑한 사람이라는 착각을 하게 하지. 실제로 공부를 많이 한 고
학력자들도 많고.

"라떼는 말이야 [7] ..."
"세상은 원래 그런 거야, 꿈이 밥 먹여주냐?"
"내가 고등학교 때 이것만 했으면 너보다 좋은 대학 갔을걸?"
"어린아이같은 소리하네. 세상이 호락호락한 줄 알아?"
"공부 좀 해라. (어디어디)에 보면 다 나와 있어!"

의식 수준이 낮고 인식이 강하며 과거지향적이야. 많이 아는데 헛
똑똑인데다 부정적이며 경험에만 의존해. 바로 **'아둔의 관점'**을

---

7 기성세대가 신세대에게 '나 때는 말이야'라고 말하는 것을 풍자하는 말 (네이버 사전).

가진 사람의 특징이야.

혹여 알고 있다고 여긴 것이 잘못된 판단의 결과임이 밝혀졌을 때에도, 이런 사람들은 무조건 자신이 맞다며 우긴다! 그렇게 타인의 공감을 얻으려 애쓴다! 굉장히 감정적이어서 계속 누군가를 찾아다니면서 자기 정당성을 어필해. 게다가 잘못은 자기가 아니라 세상 탓, 남 탓이라고 하면서 '내 말이 틀렸냐?'라고 물귀신처럼 상대도 같이 그 관점 안으로 끌고 들어가. 원망과 부정적인 에너지가 넘치고 변화를 거부하고 같은 패턴의 문제를 반복해.

'당신은 다시 그 문제를 생각하고 불편함과 대면한다.
내면의 불화와 그로 인해 발생하는 혼돈에 주목한다.
무엇을 잘못했는지를 스스로에게 묻는다.
알게 해달라고 기도한다. 마침내 답변이 도착한다.
그런데 당신이 원하는 답이 아니다.
그것은 당신의 일부가 죽어야 한다고 말한다.
그래야 변할 수 있기 때문이다.
그런데 죽어야 하는 그 부분은 사라지지 않기 위해 투쟁하고,
근거를 대고, 빌며 사정한다.
살아남으려고 수단과 방법을 가리지 않는다.
어처구니없는 거짓말, 원통하고 화나는 기억,
미래(사실은 인생 그 자체의 가치)에 대한 절망적이고

냉소적인 태도 등이 어김없이 동원된다.
하지만 당신은 버텨낸다. 분별력과 판단력을 발휘해
당신의 행동이 왜 틀렸는지를 알아내고,
그에 비추어 어떻게 하는 것이 옳았을지를 이해한다[8].'

'**아둔의 관점**'을 가진 사람은 과거 의존도, 감정 의존도, 타인 의존도가 매우 높아. 그냥 만나지 마. 오래전에 이미 처참히 죽음을 당한 아둔한 전사자들의 무덤이야. 절대 이쪽에 돌을 두면 안돼.

'현재의 당신을 지키기 위해 미래의 당신을 희생하지 말라.
이미 확보한 안전을 위해 더 나은 것을 포기하지 말라.
더구나 당신이 초월적인 뭔가를 어렴풋이나마 보았다면
결코 그런 노력을 포기해서는 안 된다[9].'

이 관점을 가지고 있다면 바닥에서부터 올라와야 하는데 쉽지 않을 거야. 하루를 적극적으로 살아보는 것으로부터 새로운 기술이나 지식을 배워 행동을 늘이는 것까지, 이건 단순한 습관의 변화가 아니라 의식을 바꾸는 첫걸음이기 때문이지. 그저 타인의 말을 한 번이라도 들어보면 좋을 텐데. 내가 잘못 알았다고 시인하면 될 텐데. 자신이 아는 것이 다가 아니라는 자기부정이 이들에겐 약일

---

8 질서 너머, 조던피터슨, 웅진지식하우스, 2021.
9 12가지 인생의 법칙, 조던피터슨, 메이븐, 2018.

텐데. 지금 자리에서 한 칸만 위나 옆으로 관점 돌을 옮겨 준다면, 이런 사람은 얼마든지 판의 흐름을 바꿀 수 있어. 그리고 그것이 바로 인생 전체를 이끄는 첫 수가 되는 거야.

4사분면 – 탐욕의 관점
미래를 바라보지만, 의식이 낮아 욕망과 결과에 집착하는 사람들이 이곳에 있어.

그들은 미래 지향적이고 목표가 커. 하지만 아는 것이 없어 마음은 조급해. 스스로 부지런하고 바쁜 사람이라고 여기지만, 행동만 활발하고 요령을 찾을 뿐 내면의 성장은 따라오지 않아. 또는 늘 기도만 해. 바라기만 하지. 기도하느라 바빠서 실제 해야할 일은 늘 밀려. 그러니 **부지런함이란 배우지 않으려는 게으름의 또 다른 모습**일 뿐이지. 그들의 말은 늘 성과와 보상으로만 향해 있어. 미래를 자신의 욕망이나 목표 달성을 위한 수단으로 여기고, 결과와 경쟁에 집착하지.

"인생 뭐 있어? 한방이지!"
"이 일만 성공하면 진짜 행복해질 거야."
"내가 안 해서 그렇지, 공부만 하면 서울대 갈 수 있대."
"이번 시험에서 반 1등만 하면 휴대폰 새 걸로 바꿔주신대!"
"신은 날 사랑하시니까 내가 원하는 것을 다 주실거야."

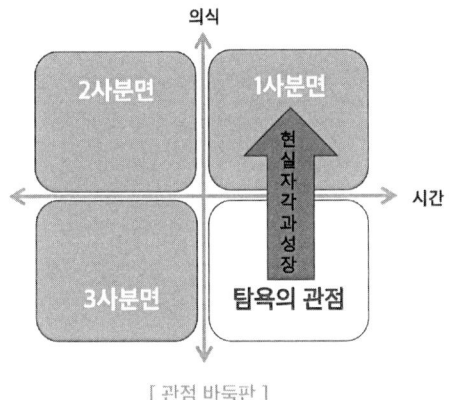

[관점 바둑판]

자기인식이 부족하고 자기과시가 넘치다 보니 자기능력을 부풀려서 생각해. 결국, 탐욕을 좇다 보니 실패가 예정되어 있는 사람이야. '목표는 이거야! 반드시 이루겠어!'라고 외치지만 말하는 것마다 공허한 허풍쟁이야. 탐욕의 불구덩이 속에서 자신이 가장 먼저불타고 있는 것을 모르는, 불나방 같은 사람이야.

'욕망에서 행한 잘못은 분노 때문에
저지른 잘못보다 더 큰 책망을 받아야 한다[10].'

'탐욕의 관점'에서 벗어나려면 가장 먼저 자신의 현실을 자각해야해. 하지만 인식에 갇혀 있어서 스스로는 불가능하지. 그나마 주변에 신뢰하는 사람, 실력 있는 사람이 있어 그들로부터 쓴소리

---

10 아우렐리우스 명상록, 마르쿠스아우렐리우스, 동서문화사, 2015.

를 듣고 정신을 차릴 수 있으면 다행이야. 만약 자신을 변화시키지 않는다면, 세상이 그를 제대로 쓸 리가 없으니 지하까지 떨어져 망가질 수밖에 없대. 그리하여 탐욕이 꺾이는 순간, 비로소 자신이 진짜 원하는 게 무엇이었는지 마주하게 돼. 그 깨달음이 새로운 길의 시작이지.

어제의 나보다 오늘의 내가 조금이라도 나아졌는지 살펴봐야 해. 결과만 바라보지 말고, 그 과정 속에서 배우고 성장하는 기쁨을 느껴야지.

누구보다 더 잘 했는지가 아니라, 어제보다 오늘 더 잘 했는지,
얼마나 능력있는 사람인지보다 얼마나 가치있는 사람인지,
얼마나 근사하게 해냈는지가 아니라
얼마나 의미있게 성장을 지속하는지가 더 중요하단다.
그래야
탐욕으로부터 벗어나 1사분면으로 올라갈 수 있단다.

1사분면 - 창조의 관점
이곳은 시간이 미래로 흐르고, 의식은 활짝 열린 자리야. 누가 보기에도 가장 빛나는 관점이지.

미래를 향한 시선과 날카로운 통찰을 가지고, 생각을 곧 행동으로

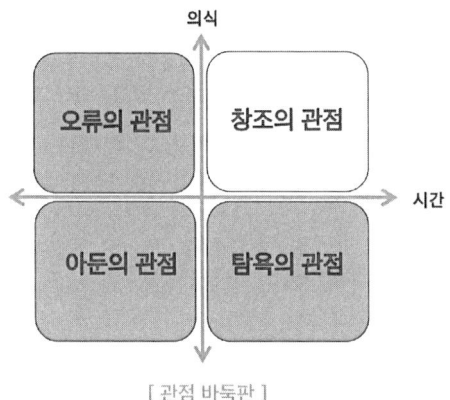

[관점 바둑판]

실천하는 사람들이야. 높은 의식에서 나오는 에너지는 현실을 새롭게 창조하고, 자신뿐 아니라 주변까지 변화시켜.

현재를 미래에 대한 확신으로 채우고, 그 확신을 행동으로 옮기며, 마침내 깊은 깨달음 속에서 자신을 성장시켜.

"할 수 있다, 오늘부터 해보자!"
"이 일에서 배울 게 분명히 있을 거야."
"내가 바뀌면 세상도 조금씩 달라질 거야."
"지금 이 순간이 다음 길을 여는 열쇠일지도 몰라."
"결국 모든 건 연결되어 있고, 나는 그 흐름 안에 있어."

'창조하는 자는 길동무를,

자신의 낫을 갈 줄 아는 자를 찾는다.

사람들은 그들을 파괴자,

선과 악을 경멸하는 자들이라고 부르리라.

그러나 그들이야말로 추수하는 자요

축제를 벌이는 자인 것을. (중략)

창조. 그것은 고통으로부터의 위대한 구제이며

삶을 경쾌하게 하는 것이다.

그러나 창조하는 자가 있기 위해서는

고통이 있어야 하며 많은 변신이 있어야 한다. (중략)

그리고 너희들은 다만 창조할 목적에서만 배워야 한다[11].'

바로 이곳이 관점 바둑의 최종 목표, **'창조의 관점'**이야. 이 단계에 이르면, 삶은 더 이상 '해야 하는 일'이 아니라 '하고 싶은 일'로 가득하게 돼. 세상을 바꾸려 애쓰는 것이 아니라 자신의 변화와 성장이 세상의 변화로 자연스레 이어진다는 것을 알지.

아이야,

머릿속에, 마음속에, 그리고 네 눈에 포착되는 모든 현상 속에 엄마가 그려준 관점바둑의 판을 펼쳐놓으렴. 그리고 나의 '관점'이 어느 자리에 놓여 있는지 스스로 관찰하고 질문해 보자.

---

11 차라투스트라는 이렇게 말했다, 니체, 책세상, 2000.

지금 나는 어디에 관점의 돌을 놓았나?

과거에 묶여 새로운 도전을 머뭇거리는 **오류의 관점**인가?

부정적 인식과 과거의 어둠 속에 갇힌 **아둔의 관점**인가?

탐욕에 집착하며 소중한 것을 놓친 **탐욕의 관점**인가?

미래로의 확신을 행동으로 만드는 **창조의 관점**인가?

우리는 매일, 그리고 매 순간, 시간과 의식이 교차하는 자리에 관점의 돌을 놓으며 살아가고 있어. 혹여 지금껏 네 관점의 돌이 계속 오류와 아둔, 탐욕의 사분면에 머물렀다 해도 괜찮아. 돌은 언제든 옮길 수 있으니까. 마치 지도 앱에서 목적지를 다시 입력하면, 새로운 경로가 열리듯이, 관점 바둑의 돌만 옮기면 늘 새로운 선택, 새로운 길이 만들어져.

그러니 오늘도 한 수를 두렴.

의식이 깨어 있는 자리,

창조의 관점 위에.

그 한 수가 네 삶을 바꾸는 시작이 될 테니까.

지금, 창조의 자리에서,

엄마는 아직 완성되지 않은 너를 바라보며 미소 짓고 있어.

물

친구들은 나를 물로 본다.
그래, 나는 물이다.
물에 물 탄 듯, 술에 술 탄 듯
나는 그렇게 흘러왔다

나는 물이다.

물은 낮은 데로 흐르는 겸손이 있고
서로 모여 점점 커지는 연대가 있다
하늘을 나는 자유가 있고
추위에도 움츠리지 않는 용기가 있다

물은 어떤 물질을 만나도
본래의 성질을 잃지 않는다
자신을 녹여도
결국은 맑게 증발해
다시 하늘로 자신을 돌려보낸다

엄혹한 겨울이 오면
유리창 위, 보석처럼 빛나고

추위가 더할수록
자기를 굳혀 거대한 빙산으로 선다
자유로운 열기를 만나면
형체를 버리고 창공으로 올라
무지개로 흩어지는 나는, 물이다

물은 배를 띄우기도 하고
물은 배를 삼키기도 한다

나는 물이다
겸손히 낮게 흐르고
함께 모여 넘치며
막히면 다른 길을 찾아간다

상대를 품되, 그 본래를 해치지 않고
스스로를 녹여 맑은 빛으로 내어놓는다
혹독한 계절엔 고드름 같은 진리로 서고
추위가 깊을수록 만년설의 고요로 선다

자유를 얻으면 형체를 버리고
창공으로 날아올라 무지개로 빛난다

대지를 적시며
끝내 생명으로 흐르는 나는

물이다

너, 살아 있니?

"내 새끼가 이렇게 될지는 생각도 못 했다.
한집에 살지만 서로가 살아 있는지 죽었는지도 모를 지경이다[1]."

40대 아들을 20년째 돌보는 70대 할머니.
굳게 닫힌 문 하나를 허물지 못하고
남보다 못한 모습으로 살아가는 모자(母子).

적막한 집안은 숨 막히는 정적 속에서 빛도 그림자도 없이 황량하기만 해. 차라리 큰소리로 울부짖었더라면 덜 슬펐을 것 같아. 소리 없이 눈물만 흐르는 표정에는 체념, 무력감, 허망함 등 복합적인 감정이 담겨 있었어. 엄마는 그 노모의 표정이 지워지지 않아.

---

1 '그렇게 20년이 지났다. 은둔 중년' 편, KBS 추적 60분, 2025.05.16.

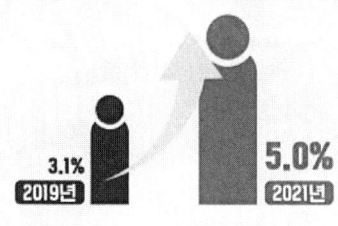

타인과의 의미 있는 교류 없이 사실상 사회에서 '고립'된 청년은 100명 중 5명!

19~34세 청년 가운데 고립 청년 비율은 2019년 3.1%에서 2021년 기준 5.0%로 크게 늘었습니다.

3.1%
2019년

5.0%
2021년

* 출처: 복지부, 고립 은둔 청년 1명사, 한국보건 개발 연구원(2022)

보건복지부 실태조사, 2023.7.17.

'히키코모리[2]'. 몇 년 전만 해도 일본의 특수 현상으로만 생각했
는데 우리나라 상황은 훨씬 더 심각하더라구. '은둔 청년은 약 54
만 명[3]'. 실제 19-34세를 대상으로 20명 중 1명은 은둔청년이래.
이게 우리나라의 히키코모리의 현실이야.

---

2 히키코모리(引き籠もり,일) : '폐쇄은둔족'으로 사회생활에 적응하지 못하고 집안에만 틀어박혀
사는 사람들, 또는 그런 현상 (국립국어원)
3 2023년 보건복지부 실태조사.

20명 중의 1명. 한 버스에 탄 20명 가운데 1명은 이미 세상과 연결이 끊겨가고 있다는 얘기지. 20개의 기차 바퀴 가운데 하나가 삐걱거리는 것이고, 20개의 별 가운데 하나가 어둠 속으로 꺼져버리는 거야.

엄마는 이 실태보고를 보고서 지나가는 청년들이 달리 보였어. 겉으로 봐서는 모르지만, 너희 친구, 엄마 친구의 아이, 평범한 우리의 이웃일 수도 있잖아. 청년의 은둔과 고립은 단순히 개인의 문제가 아닌 가족 전체가 함께 병들어 가는 사회적 질병이니, 이런 문화가 계속 확산된다면 그야말로 죽음의 도시가 되지 않을까?

보건복지부 실태조사, 2023.12.13.

그런데 더 놀라운 건, 한국은
고립과 은둔이 쉽게 발생할 수 있는 환경이고,
중년들의 문제는 더 깊이 곪아있다는 것이야.

한국에서 청년부터 중년까지 고립과 은둔이 쉽게 발생하는 이유를 전문가들은 '능력주의의 끝없는 압박, 사회적 지지의 부재, 정서적 고립과 자기혐오, 제도의 공감 부족[4]'때문이라 말하지만 엄마는 이뿐만이 아닌 것 같아.

실직과 취업난, 심리적·정신적 고통, 가족·대인관계의 어려움, 학업, 따돌림과 폭력의 경험, 핸드폰 과다 사용으로 인한 관계력 부족, 미래에 대한 절망감 등 너무 다양한 현실이 개인으로 하여금 은둔과 고립을 선택하게 만들지 않나 싶어. 앞집에 누가 사는지도 모른 채, 카톡으로만 간단히 대화하는 문화 속에서 사람들은 점점 더 서로에게 의지할 곳을 찾기 어려워해. 타인에 대한 무관심까지 더해지니 삶은 마치 공중에서 외줄타기를 하는 것처럼 위태로워 보여.

소중한 생명은 살아야 하고 또 살아내야 하는데,
현실은 점점 더 많은 이들이 '은둔형 외톨이'가 되어 가고 있어.

---

4 '그렇게 20년이 지났다. 은둔 중년' 편, KBS 추적 60분, 2025.05.16.

게다가 너도 알다시피, 대한민국 자살률은 20년 넘게 OECD 국가 중 압도적 1위라는 오명을 쓰고 있잖아.

'은둔 청년의 75.4%는 극단적 선택을 생각했다[5].'고 하고, '그중 26.7%는 실제로 시도했다[6].'고 하니 너희들이 살아갈 대한 민국의 현실에 드리운 저변이 엄마는 참담하게 느껴져.

이렇게 너무 많은 청년, 중년들이 '육신 안에 갇힌 가엾은 영혼[7]' 처럼 살아가고 있어. 똑같이 뛰는 심장과 36.5도의 온기를 품은 고귀한 생명인데도 반복되는 일상에서 마음은 차갑게 식어가고, 정신은 길을 잃은 채 헤매며, 현실 속에선 그림자마저 외면한 투 명 인간처럼 살아가지.

생기 없는 눈빛에 갇힌 탁한 영혼
대화 없는 침묵에 닫힌 텅 빈 마음
혼자만의 세계가 집어삼킨 공허한 하루
먹다 남은 밥그릇으로만 확인되는 서로의 존재...

그들이 살아가는 하루는 대체 어떤 세계일까?
이렇게 살아가는 삶을 과연 '살아 있다'고 할 수 있을까?

5, 6 은둔 청년 54만 명… 46% 일상 복귀 실패해 재고립, 동아일보, 2023.12.14.
7 명상록, 마르쿠스아우렐리우스, 현대지성, 2018.

그런데 여기, 이런 사회 현상과 정반대 선택을 한 엄마의 지인이 있어. 대학교수의 안정된 자리와 도시의 편리한 삶을 뒤로 하고, 시골로 갔어. 스스로 자발적 고립을 선택한 거야. 물론 맹목적인 선택은 아니었어. 오랜 시간 독서와 사유에 몰두하며 글을 써온 그녀는, 작가로서 제2의 인생을 시작하기 위해 과감히 결단한 거야. '글로 소통하고, 글로 인정받고, 글로 존재하고 싶습니다[8].'

글로 존재하고 싶다니. 글쓰기에 얼마나 진심인지 짐작이 되니? 시골에서, 사회적 교류를 거의 끊고, 텃밭과 정원을 가꾸며, 독서와 사유, 글쓰기에만 몰두하는 그녀. 자신을 '한량'이라 부르니 흔한 삶의 방식은 분명히 아니지. 그래도 매일 행복하대. 즐겁대. 너는 어때? 이해가 되니?

그럼, 여기서 의문이 들지 않니?
외톨이와 엄마 지인의 '자발적 고립'
겉으로 보기엔 둘 다 비주류이고, 사회에 적응도 잘 못해.
외부와 단절하고 자발적으로 스스로를 고립시켰어.
양쪽 모두 가족은 있지만, 혼자를 고집해.
또한 스스로 선택한 것에 24시간 매몰되어 있어.
그런데, 어떤 불씨는 다 타버려 재가 될 지경이고,
어떤 불씨는 숯이 되어 다시 불을 피우잖아!

---

8 느린지에서 놀자, 김주원, 2025.6.21.

왜 어떤 이는 절망이고, 어떤 이는 희망일까?

왜 어떤 영혼은 죽어가고, 어떤 영혼은 살아날까?

왜 어떤 자리는 멈췄고, 어떤 자리는 나아갈까?

왜 어떤 존재는 이유를 잃고, 어떤 존재는 의미를 확장할까?

도대체 이 둘의 차이가 뭘까?

'생명의 경계를 듣는 귀는
지혜로운 자 가운데 있느니라[9].'

'우리는 광대한 지혜의 무릎 위에 누워 있다.
그 지혜는 우리에게 진리를 들려주고,
우리를 통해 활동한다[10].'

지혜로운 자의 귀는 진리의 목소리를 들을 수 있대.

그 진리는 곧 '생명의 살아 있음과 존재의 부재'를 가르는

기준이자 경계야.

겉으로 볼 때엔 둘 다 자발적인 고립을 선택했지만,

누군가는 생기를 잃어가고 누군가는 오히려 더 살아 있는 느낌을

준다면, 이 둘을 가르는 기준이 분명히 있겠지?

---

9 성경, 잠언 15:31.

10 자기 신뢰, 랄프왈도에머슨, 창해, 2015.

번호	살아 있음의 기준	생의 실천 방식		비 고
		파괴적 은둔	창조적 고립	
1	존재 (Being)	에고	셀프	자아에 머무를지, 존재로 확장될지의 차이
2	의식 (Consciousness)	무지	깨달음	세상을 차단한 채 머무를지, 열린 눈과 귀로 자각할지의 차이
3	주체 (I)	수동적	능동적	은둔을 위한 고립, 진화를 위한 고립의 차이
4	독립 (Independence)	의존	자립	타인의 희생이 요구되는지, 자립할 수 있는지의 차이 (단, 성인 20세 이상의 경우로 한정)
5	조화 (Harmony)	단절	연결	인간·자연·모든 존재와의 상호 연결 여부
6	방향 (Agenda)	무(無)	유(有)	목적 즉, 방향성의 유무(有無)
7	창조 (Creativity)	소모	생산	생산은 물질, 비물질 모두를 포함
8	에너지 (Energy)	무기력	활력	삶에 대한 동력의 유무
9	선 (Goodness)	파괴	확장	생명을 파괴하는지, 확장하는지의 차이 (선<善>은 보편적 진리, 우주적 자아의 관점)
10	영적 진화 (Whole)	죽음	살아 있음	죽음으로 닫힘, 살아 있음으로 열림의 차이 전체성 즉, 전체와 합일하는 초월적 경지를 지향

〈 살아 있음의 10가지 기준 〉

존재, '나'에 머무르지 않고, 더 큰 존재로 확장되는가?

의식, 닫힌 인식이 아니라, 열린 눈으로 세상을 바라보는가?

주체, 스스로 선택하고 책임지는 능동적인 하루인가?

독립, 타인에게 의존하지 않고 스스로 자립한 삶인가?

조화, 사람과 자연, 세상과 언제든 연결되어 있는가?

방향, 고립의 이유가 삶의 목적을 향한 것인가?

창조, 고립이 소모가 아닌 생산을 향한 투자인가?

에너지, 무기력이 아닌 활력으로 하루를 살아가는가?

선(善), 진화와 확장으로 세상에 이로운 영향을 미치는가?

그리고 이 모든 것이 **영적 진화**,

정신과 영성의 죽음이 아닌, 초월된 생명을 지향하는가?

이것이 엄마가 몇 달간 고심하여 정리한 10가지 '살아 있음의 기준'이란다. 기준이 하나씩 만들어지는 과정에서 생명을 대하는 태도는 더 진지해지고 깊어졌어. 네게 전하려던 편지였지만 오히려 엄마 스스로 살아가는 마음이 한결 가볍고 자유로워져서 그냥 살아 있는 삶, 살아지는 삶, 살아가는 삶, 더 나아가 살리고 싶은 삶으로 엄마 내면이 변해갔단다.

네겐 단순한 편지 한 통일지 모르나 이 편지를 써내려 온 여정의 시작은, 삶을 주체적으로 들여다보지 못했던 지난 시간에 대한 깊은 반성에서 비롯되었고, 이 여정의 한가운데서, 삶을 이제는 떳떳하게 등에 지고 앞으로 걸어가겠다는 다짐을 쉼 없이 되뇌었고, 그리고 이 여정의 끝, 이 편지를 네가 읽고 있을 지금, 엄마는 비로소 엄마 삶 위에 두 발을 단단히 딛고 서 있어.

'인간은 누구나 소비자인 동시에
또한 생산자가 아니면 안 된다.
인간은 부채를 변제하는데서 그치지 않고
공동으로 부에 또 다른 뭔가를 더하지 않으면
이 세상에서 충분히
자신의 역할을 다하고 있다고는 할 수 없다[11].'

아이야,
'살아 있음'이란 단순히 생명을 유지하는 것만이 아니더라.
'살아 있다'라는 것은 자신의 역할을 충실히 해냄으로써 자립하는 것은 물론 공동의 부, 나아가 선(善)으로 확장될 창조적 책임이 있는 존재의 여정이더라.

'태만과 불운과 비겁함 때문에 더 훌륭해지지 못한 우리 자신[12]'을 제대로 활용하는지 의식적으로 늘 깨어 있어야 할 의무도 더해지더라. 이 모든 과정이 바로 **'살아 있음의 상태'**이더라.

너도 알다시피, 늘 피곤하던 엄마가 매일 새벽 독서를 한 지 벌써 여섯 달이 넘었어. 처음의 두려움이나 어설픔과는 달리 지금은 너무 좋은 습관이 되어 버렸어. 책을 읽으면서 날마다 새로운 엄마를

---

11 천년을 같이 있어도 한 번의 이별은 있다, 랄프왈도에머슨, 나래북, 2013.
12 영혼의 자서전, 니코스카잔차키스, 열린책들, 2009.

발견해. 타인의 기준이 아니라 스스로 선택한 리듬으로 하루를 살아가니, 매일 일상은 그대로인데 마음은 한결 고요해졌지. 이 작은 습관이 엄마에게는 살아 있음의 증거야. 의식이 깨어 있고, 방향이 분명해지고 배운 것을 삶에 적용하니까 매 순간, 하루하루가 창조의 시간이 되었단다.

창조.
앞서 에머슨이 거론한 소비자이자 생산자로서 엄마는 시간을 소비하면서 창조를 해내는 진짜 '**살아 있음**'을 느끼고 있어.

너도 그렇잖아. 네 꿈을 향해 치열한 여름을 보냈었지. 땀에 젖어 중간에 갈아입을 옷을 챙겨 다니면서도 먼 거리를 마다하지 않고 촬영장으로 향하는 너를 보며 엄마는 알았어. 너의 '**살아있는 표정**'은, '목적이 이끄는 삶이란 움직임 자체를 최고의 에너지'로 만들어 '실체로 증명'된다는 것을 엄마에게 알려줬지.

'청소년 국제영화제 베스트 PD상[13]'.
너의 수상 소식이 아직도 엄마는 믿기지 않을 정도로 놀라워.
촬영이 끝난 뒤 너와 함께 작업했던 친구들이 보낸 메시지들을 보았어. '항상 밝은 에너지로 촬영장을 빛내고 있다'는 말이 엄마는 너무 뿌듯했단다.

---

13 2025 Mokkho 국제영화제.

아이야.

에너지를 높여줘서 고맙다.

너의 에너지는 파동이 되어 어둡고 그늘진 곳으로 파급될 거야.

그렇게 너의 행위 하나, 결과 한 땀이 선(善)이 되게 살아라.

그래. 그렇게 **살.아.있어라.**

생명을 느끼고 영혼을 바쳐라.

치열하게 자기를 활동시켜라.

너의 살아있는 에너지는 누군가 꺼져가는 숨에 활력이 된단다.

이 글을 쓰다 보니 엄마도 **'진짜 살아 있네!'** 라는 감각을 느끼며 살아갈 수 있겠다는 자신감이 생겼어. 동시에 어른으로서, 또 기성세대의 한 사람으로서 너희에게 잘 전해야 한다는 의무감과 사명감도 더 커졌어. 지금, 이 글을 읽고 있는 너의 마음은 어떻니?

'이 세상에 나는 하나밖에 없다.

내가 없어지면 그만큼 지구가 가벼워진다.

벽돌은 없어지면 다른 벽돌로 대체할 수 있지만,

돌멩이는 다르다. 그렇게 생긴 돌은 그것밖에 없으니까.

돌멩이 하나하나는 곧 지구와 같다.

그것이 사라지면 세상에서도 함께 사라지는 것이다.

온리 원, 나를 대신할 사람은 이 지구에 아무도 없다[14].'

---

14 이어령의 마지막 강의 영상, 인류가 찾아야 하는 마지막 희망, 그랜드마스터클래스, 2024.10.06.

작고 단단한 돌멩이 그게 너야.

네가 사라지면 지구도 사라져.

그러니 너는 '선'이고, '지구'이고, '우주'인 것이야.

엄마는 힘이 없어. 사회에 문제가 돼버린 은둔형 외톨이들에게 뭐 하나 해줄 게 없어. 하지만 네가 촬영장에서 보여줬던 것처럼 모든 관계는 에너지로 서로 느끼고 통하잖아. 작고 단단한 돌멩이 인 우리가 자기 역할만이라도 충실히 해낸다면, 그릇된 문화를 파괴하고, 새로운 문화를 전파하는데 엄마와 너의 생동이 작게나마 힘이 되지 않을까?

> '작은 들풀 하나, 공중의 작은 새, 개미, 거미, 꿀벌 같은
> 천하의 모든 미물들도 각자에게 맡겨진 소임을 수행하면서,
> 우주의 질서에 기여하기 위해 각자의 몫을 다하고 있는 것이
> 네 눈에는 보이지 않는단 말이냐.
> 그런데도 너는 인간으로서 해야 할 일을 하기를 거부하고,
> 자연과 본성이 네게 명하는 일들을 하기 위해
> 달려가지 않겠다는 것이냐[15].'

고도성장의 시대에 청년들의 현실은 녹록지 않다는 거 우리 모두 잘 알아. 사회에서 학교에서 가정에서 또 각자의 자리에서 청년뿐

---

15 명상록, 마르쿠스아우렐리우스, 현대지성, 2018.

아니라 중년까지도 포기하고, 좌절하고 자기를 지워버리지. 은둔하며 투명인간처럼 살아가지. 그렇지만 누구나 다 그렇게 은둔형 외톨이로 전락하지는 않는다는 것도 명심하렴.

'극한 어려움에 처했을 때는 낙담하기 쉽고, 두려움과 걱정, 의심에 휩싸이기 일쑤다. 특히 공포와 수동성을 먹고 자라 그와 똑같은 것을 재양산하는 사회적 잡음에 둘러싸여 있을 때는 그 어려움이 가중된다. 언론과 비관론자들뿐만 아니라 심지어는 사랑하는 사람들이 떠들어대는 잡다한 소리에 짓눌려 자신의 목표에서 멀어지고, 자신의 능력을 의심하고, 자신의 직관을 불신하고, 아무런 행동도 취하지 못한다. 지속적으로 쏟아지는 부정성에 노출되면 무기력해지고, 무기력은 최악의 사태만 곱씹는 악순환을 낳는다. 종국에는 인간의 가장 중요한 원천인 '정신'이 스스로 해친다. 반면에 생각을 통제하면 인생을 통제할 수 있고, 윌리엄 어니스트 헨리의 시에서 말하는 '운명의 주인'이 될 수 있다[16].'

윌리엄 어니스트 헨리. 그는 평생 병과 장애를 겪으면서도 끝까지 흔들리지 않는 자신의 의지를 시로 남겼어. 어린 시절 골수 결핵으로 다리를 절단했던 그는 육체적 고통 속에서도 정신의 자유만큼은 어떤 운명도 빼앗을 수 없다는 심정을 시로 승화시켰단다.

---

16 두려움을 이기는 습관, 나폴레온힐, 니들북, 2022.

'나는 내 운명의 주인이며,

나는 내 영혼의 선장이다[17].

I am the master of my fate,

I am the captain of my soul.'

살다 보면 누구나 잠시 삐끗하거나 넘어질 때도 있어. 그럴 때 자신을 포기하거나 잘못된 생각이 마음을 잠식하도록 허락하지 말아라. **의연한 기다림은 생명의 본성**이란다. 멈춤과 기다림은 감옥이 아니라, 새로운 힘을 기르는 회복의 시간이야. 그 의미를 보지 못하면 멈춤은 단절이 되고, 기다림은 소모로 변해 결국 자신을 파괴하게 된단다.

하지만 올바른 정신으로 멈추고 기다릴 수 있다면, 그것은 생명을 품은 자발적 고립, 다시 시작하기 위한 준비의 시간이 될 거야. 그리고 '살아있음의 10가지 기준'이 삶의 진정한 북극성, 즉 **'운명의 주인'**으로 향하는 길을 밝혀 줄 거야.

'생명이 생기는 순간,

자기보존의 방향성이 설정되고,

물질을 흡수하여 사용한다.

생명은 자유이며 자유의 양에 직접 비례하여 꽃을 피운다.

---

17 윌리엄 어니스트 헨리(William Ernest Henley, 1849-1903, 영국 시인) : 그의 시 「Invictus」 (굴하지 않는 자) 중에서 발췌.

새로 태어난 아이도 무기력하지 않다는 것을
당신은 확실히 안다.
생명은 그가 처한 환경 속에서 자발적으로
그리고 초자연적으로 작동한다[18].'

신은 우리를 창조하실 때 DNA 속에 자기보존의 씨앗을 심어두셨대. 갓 태어난 아기조차 무기력하지 않고 삶의 의지를 드러내는 건 자연스러운 생명의 본능이란다.

독수리의 중력을 거스르는 비상은 존재의 선언을,
연어의 목표에 질주하는 역류는 의식의 주체를,
호랑이의 기다림을 지배한 폭발은 독립의 본능을,
악어의 움직임 없는 잠복은 치명적인 에너지의 원천임을,
박쥐의 어둠을 가르고 목표를 찾아내는 직감은 삶의 방향을,
그리고
낙타의 지독한 고독을 자양분 삼아 사막을 건너는 인내까지,
이 모두는 조화를 위한 진화이며,
이렇게 자신을 살아내는 것이 곧 선(善)이란다.

그래도 희망적인 건 '은둔 청·장년의 80% 이상[19]'이 이 암흑의 터

---

18 자기 신뢰, 랄프 왈도 에머슨, 현대지성, 2021.
19 보건복지부 실태조사, 2023.12.13.

널을 벗어나기를 원한다고 하더구나. 탈(脫) 고립, 탈(脫) 은둔을
시도한 사람들도 증가하고 있다는 거야.

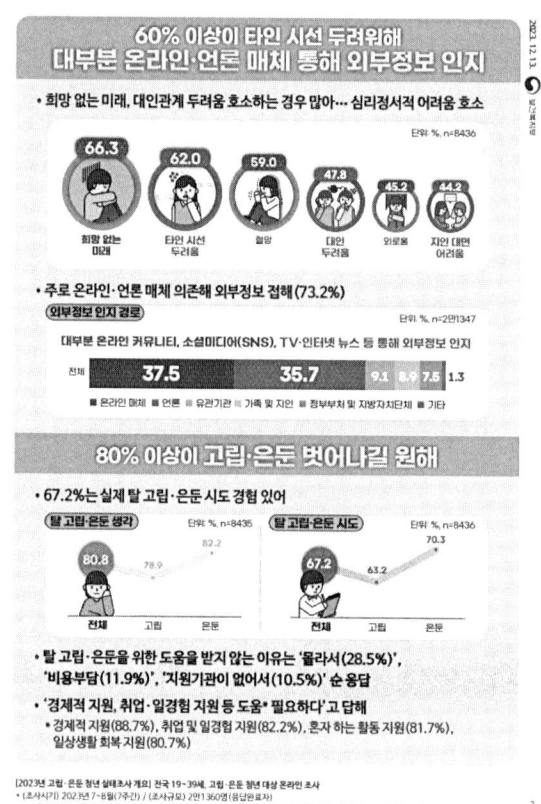

보건복지부 실태조사, 2023.12. 13

모든 생명은 '하나의 생명체로서 스스로 살아갈 힘을 본유(本有)하고 있어[20].' 그러니 언젠가 시련의 시간을 만난다면 인생의 길을 잃지 말고, 삶의 방향을 기억하렴. 마음이 자연스레 향하는 곳을 따르되, 그 안에 숨어있는 생명의 빛을 다시 조심스럽게 밝혀가길 바란다.

**생명은 나로서 존재하고 싶은 단단한 심지이자
멈춤을 통해 준비하고 더 높이 도약하려는 의지이며
의연한 기다림의 응축된 에너지란다.**

*'성장을 멈춘 자는 이미 노화하기 시작한다.
중간에 그만두는 자는 단념한다.
정체상태는 마지막으로 가는 시작이며,
죽음의 전초가 되는 무서운 조짐이다.*

*그래서 산다는 것은 끊임없이 이겨내는 것,
우리의 물질적, 정신적 존재의 절멸, 질병과 퇴영에 대해
자기를 긍정해 가는 것이다.
따라서 산다는 것은 쉬지 않고 소망하는 것,
또는 날마다 자신의 의지를 새로이 하는 것이다[21].'*

---

20 엄마의 유산, 김주원, 건율원, 2024.
21 아미엘의 일기, 아미엘, 범우사, 2003.

사람의 성장은 유한해. 한창 자라던 활발한 성장기가 지나면 신체의 성장은 멈추고, 서서히 늙어가지. 하지만 정신의 성장은 무한하단다. 죽을 때까지 마음이 깨어 있는 한 무한대로 성장할 수 있어. 그리고 그 열쇠는 네가 가지고 있어. '우리에게 생명을 주신 신께서 자유[22]'도 주셨단다. 자유는 생명을 빛나게 하는 신의 선물이야. 너에겐 스스로 생명을 더 가치 있게 개척할 자유의지가 있단다. 그 자유가 바로, 네 무한한 잠재력을 우주로 확장하는 에너지야. 그 힘이 네 안에도 있다는 걸 잊지 마.

두 발을 단단히 대지에 딛고, 너를 통해 우주로 뻗어가는 생명의 진동, 그리고 네 직관을 믿어라. 혹시 길을 잃고 혼란스러울 때, 그때 '살아 있음의 10가지 기준'을 떠올려라.

존재, 의식, 주체, 독립, 조화, 방향, 창조, 에너지, 선, 영적진화.

너의 하루가 이 10가지 단어와 의미를 품길 바란단다.
엄마는 엄마의 자리에서,
너는 네 자리에서
'살아 있는' 삶을 서로 응원하자.

---

22 워싱턴 D.C의 제퍼슨 기념관 벽면에 새겨진 문구.

김경숙
박민아
강해정
정희선
방혜린
김천기

엄마의 정신을 남기며...

김경숙

『엄마의 유산』을 쓰는 동안 늦게 찾아온 성장통이 저를 더 자극하는 동력을 주었습니다. 핏줄로 연결된 자녀가 없는 대신 이 글을 쓰게 한 아이들을 생각하며 힘을 얻었습니다. 고착된 시선을 벗어나 가정과 교육과 문화를 잇는 시대의 켜를 새로운 시선으로 바라보게 되었지요. 가정과 역사의 대물림이 교육과 맞닿아 있기에 세대와 세대를 이어주는 기성세대의 역할이 얼마나 중요한지 뼛속 깊이 느끼게 되었습니다. 그래서 더 좋은 어른, 어른다운 어른이 되는 앞으로의 여정에, 읽고 쓰고 표현하는 일을 놓지 않아야겠다고 다짐합니다. 이 편지를 읽고 오래 머물러 질문하시는 분들의 삶에 새로운 진동이 인다면 좋겠습니다. 함께 격려하며 쓰신 작가들과 든든한 지원군이 되어 준 가족들에게 감사한 마음을 전합니다.

박민아

서울 대학도 가고, 하버드 대학도 갈 뻔했습니다. 아이에게 정신을 남겨 준다는 일이, 정신을 글로 남긴다는 일이 이렇게 자신을 가열차게 담금질해야 하는 일인지 알았으면 시작했을까요? 깃털처럼 가볍게 살다 가고 싶었는데, 천체의 무게만한 중압감에 짓눌렸습니다. 텅 빈 머리에 채우는 것보다 고된 일은 잔뜩 고인 썩은 물을 퍼내는 일이었습니다. 조그마한 바가지로 구부정하게 허리를 굽히고 한 바가지씩 고인 물을 퍼내는 행위는 더디고 불편하기 그지 없었습니다. 어쭙잖게 아이에게 남겨 주고 싶은 정신의 우물을 파다가 제대로 코를 박고 허우적댔습니다. '다시는 안 하겠다'는 수십 겹의 다짐이 무색하게 책상머리에서 골몰하던 지난 계절이 은근히 그리워지는 것은, 파야 할 우물이 깊고, 길어야 할 맑은 물이 넘치기 때문이겠죠.

강해정

저의 인생 첫 책은 『엄마의 유산』입니다. 두 번째 출간이다 보니, 제게는 의미가 남다릅니다. 편지 집필은 삶을 대하는 태도를 바꾸어 놓았습니다. 지금껏 어떻게 살아왔는지, 어떤 정신을 지니고 있었는지 깨닫고 이제, 무엇을 지향하고 무엇에 중심을 두어야 하는지 배웠습니다. 게다가, 일상에 스며든 새벽 독서의 힘 덕분에 불필요한 고민과 선택을 떨쳐낼 수 있었습니다. 가장 큰 변화는 '할 수 있을까?'에서 '그냥 하면 돼'하는 실천력에 대한 믿음을 갖게 된 것입니다. 올 한 해는 전업 작가로의 전환점을 맞는 해였습니다. 삶이라는 밭을 일구기 위한, 부모와 어른의 '역할'이 무엇인지 세상의 자녀들에게 삶의 '원리'를 꼭 전해주고 싶습니다. 작은 성취의 불꽃이 될 우리의 글이 세상의 엄마와 아이들에게 큰 '중심'이 되어가기를 바랍니다. 서로를 응원하며, 함께 해주신 가족들과 작가들께 감사드립니다.

정희선

『엄마의 유산』을 쓰며, 부모님께서 제게 남겨 주실 진짜 유산이 무엇인지 오래도록 되짚어보았습니다. 짙은 가난 속에서도 부모님은, 현실의 벽보다는 늘 미래를 바라보셨고, 꿈이 이루어질 때까지 끝내 포기하지 않으셨습니다. 그들의 삶 속에서 제가 물려받은 것은 재물이 아니라 '관점'과 '참음'의 정신이었습니다. 이제 그 유산을, 저 또한 다음 세대에게 전하고 싶습니다. 부족한 사람임을 알면서도, 주저하지 않고 제게 다가와 '엄마'라는 위대한 이름을 선물해 준 아이들에게 이 글을 바칩니다. – 창조의 관점 위에서, 아직 완성되지 않은 우리 모두에게.

방혜린

아이들에게만 향하던 관심을 나 자신에게로 돌려 글을 쓰기 시작했고, 그렇게 『엄마의 유산』을 만났습니다. 두 통의 편지를 써 내려가는 더디고 지난한 과정 속에서, 도망치고 싶을 때마다 제 발목을 붙잡아 준 것은 결국 '엄마'라는 두 글자였습니다. 새벽 독서는 제게 치우친 인식의 균형을 바로 잡게 했고, 비어 있던 정신의 틈을 채우며, 흐려졌던 영혼의 윤곽을 다시금 선명히 밝혀주었습니다. 그 여정 속에서 저 또한 성장했고, 단단해졌습니다. 이 책은 우리 아이들에게, 그리고 동시대를 살아가는 다음 세대에게 전하는, 사랑이라는 이름으로 서툴고 미숙하며 때로는 투박했던 '엄마이자 기성세대의 고백'입니다. 직접적으로 표현하지 못했지만, 엄마의 '무관심'은 절절한 사랑이었고, 무한한 격려이자 굳건한 버팀목이었습니다. 우리는 그렇게 각자의 자리에서 주어진 '생명'에 순응하며, 조금씩 자신의 길을 걸어가고 있습니다. 글을 쓰는 동안 곁에서 묵묵히 응원해 준 가족, 그리고 이제는 가족처럼 마음 깊이 이어진 동료 작가들께 진심 어린 감사를 전합니다.

김천기

한여름을 지나 낙엽이 모두 질 때까지 우리는 각자의 이야기를 글로 남겼습니다. 아이를 위한 글이 아니라 아이를 대하는 저를 돌아보고 제가 물려줘야 할 가치를 생각하며 남긴 우리의 글이 내 아이에게, 또 이 시대를 사는 자녀들에게 삶의 지표가 되길 바라는 마음으로 고치고 또 고치며 저를 바라보았던 시간이었습니다.

『엄마의 유산』 공저 안내

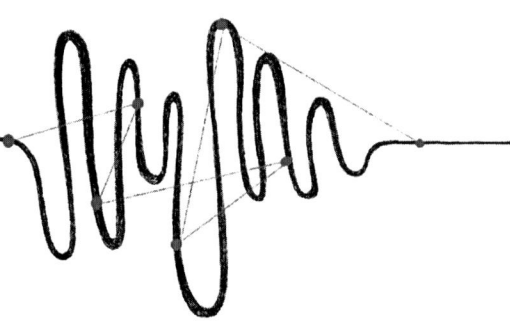

엄마의 소리

뱃속 아이를 처음 만나던 날,
어둠 속에서 들려오는 아이의 심장 소리.

작은 속삭임처럼,
깊은 곳에서 전해오는 파장이
나의 심장으로 울려 퍼집니다.

작은 북소리처럼,
또 다른 생명이 피어나는 경이로움이
심장 깊은 곳에서 느껴집니다.

작은 리듬으로 살아 숨 쉬는 존재가
노래하듯 나에게 다가옵니다.

아이가 처음으로 "엄마"라고 부르던 날,
작은 입술에서 흘러나온 그 소리 – "엄마"
"엄마"라는 그 한마디에 나의 존재가 더욱 선명해집니다.
아이의 심장 소리는 "엄마"를 부르는 소리였을지 모릅니다.
아이와 내가 다시 연결되고, 그 순간 모든 것이 완전해집니다.
아이의 목소리가 나를 감싸며,
모든 순간이 특별한 빛으로 물들기 시작합니다.

그리고 언젠가,
내가 아이를 두고 떠나야 할 날이 온다면,
그 떨리는 목소리에서 터져 나올 "엄마"라는 울부짖음.
그 순간이 얼마나 고통스러울지
상상만으로도 내 마음이 날카롭게 아려옵니다.

"엄마"라는 그 한마디가 그들의 가슴속 깊이 새겨지면서 한없이
부르고 싶겠지요. 그러하기에 아이의 마음속에 나의 존재를 큰 울
림으로 남겨두고 싶습니다.

끝없는 사랑으로 그들을 감싸며,
나의 이야기를 작은 속삭임으로
나의 그림을 고요한 리듬으로
다시, 그들에게 전해주고 싶습니다.

아이야,
자연의 순환은 심장의 박동으로 이어지고,
그 박동은 다시 정신의 생명으로 스며들어
존재는 끊어지지 않는 리듬 속에서 살아가는 거란다.
그 리듬 속에 엄마의 소리는 조용한 파장으로
너에게 이어질 거야. 그러니, 지금 너의 소리를 들어보렴.

엄마의 유산 - 너, 살아 있니?

초판 1쇄 인쇄 : 2025년 12월 03일
초판 1쇄 발행 : 2025년 12월 05일

글 : 김경숙, 박민아, 강해정, 정희선, 방혜린, 김천기
북디자인 : 정근아, 박지경

출판사 : 건율원
출판등록 : 신고번호 제 2024-000026호
주소 : 경기도 양평군 청운면 청운삼성길 64-15
전화 : 010 9056 9736
홈페이지 : https://guhnyulwon.com

(C) 김천기, 정근아, 김경숙, 박민아, 강해정, 정희선, 방혜린 2025

ISBN 979-11-989986-7-5 (03190)